על תורה ומדע

נתן אביעזר

פרופסור לפיזיקה

אוניברסיטת בר-אילן

תרגום מאנגלית: טל דוד כספי

תשפ"ג

Modern Science and Ancient Faith by Nathan Aviezer
translated by Tal David Caspi

KTAV PUBLISHING HOUSE
527 Empire Blvd
Brooklyn, NY 11225
www.ktav.com
orders@ktav.com

ISBN 978-1-60280-488-3
Printed and bound in Israel

סדר: רפאל פרימן MISTD ׳רננה – עימוד ועיצוב ספרים׳
נדפס בישראל – תשפ״ג 2023

לדבורה

רעייתי היקרה

מה גדלו מעשיך, ה', מאוד עמקו מחשבותיך
(תהלים צב:ו)

פרקי הספר

ז

דברי תודה

חובה נעימה היא לי להודות לאלה שסייעו בידי לכתוב ספר זה. בראש
ובראשונה, ברצוני להודות לאשתי דבורה שקראה כל עמוד וכל מילה.
הערותיה הרבות והמועילות שיפרו את הספר לאין שיעור. גם בני הלל עזר
רבות בביקורת בונה בהרבה עניינים. חן חן לשניהם!

פתח דבר

התעצמות הידע בעשורים האחרונים הובילה למהפכה בענפי מדע רבים. תחומי מדע שלא היו קיימים כלל לפני מאה שנה תופסים מקום חשוב במדע של היום. בין תחומי המדע החדישים נכללים שיבוט, חקר החלל, קוסמולוגיית המפץ הגדול, הביולוגיה המולקולרית, תאוריית שיווי המשקל המקוטע, תורת הכאוס, ננו-טכנולוגיה, מערכות מורכבות, פרקטלים, בינה מלאכותית, הגנום האנושי, הכחדות המוניות, תאי גזע, חורים שחורים, כוכבי לכת חוץ-שמשיים, רשתות עצביות, תורת המיתרים, הנדסה גנטית, מימדים קומפקטיים ועוד. הרשימה הולכת וממשיכה. העולם הפשוט והמסודר של ניוטון וגלילאו השתנה לעולם כה מורכב וכה מופלא, עד שהוא כמעט מעבר לתפיסה האנושית.

מטרת ספר זה היא להראות שרבות ההשלכות לאור המידע העצום החדש. נראה כי במאה העשרים ואחת, אין סתירות בין האמונה בתורה לבין המחשבה הרציונלית וההגיונית הנוגעת למדע. נהפוך הוא. המדע המודרני מסייע להעמקת האמונה בקב"ה ולהבנה עמוקה יותר של פסוקי תורה רבים. במקום לפחד מן המדע, כותב שורות אלה סבור כי המדע הוא ידידה הטוב של הדת. אנו נראה כי המדע המודרני מקנה תובנות חדשות וגם משמעות עמוקה יותר למילותיה של התורה. מורכבות היקום שנתגלתה במהלך העשורים האחרונים מסייעת לנו בהבנת הקשר בין הקב"ה לעולמו.

1
על תורה ומדע

לעיתים אנו נתקלים בסתירות לכאורה בין פסוקי התורה לבין המדע. כאן נדון באופנים השונים שהוצעו במשך הזמן על־מנת להתמודד בסתירות אלו. הדוגמאות המפורסמות ביותר מופיעות, כמובן, בפרק הראשון של ספר בראשית - תיאור מעשה הבריאה. הקושי בבעיה זו הודגש במספר הרב של הצעות שהוצעו במהלך הזמן ליישב את הסתירות. נציין כאן כמה מהצעות אלו.

״התורה והמדע הם תחומים שונים לחלוטין ללא שום קשר ביניהם״

הצעה ליישב את הסתירות לכאורה בין תורה ומדע מכונה ״נושאים שונים לחלוטין,״ כלשון כותרת מאמר מפורסם של פרופסור סטיבן גיי גולד, חוקר האבולוציה מאוניברסיטת הרווארד. לפי גולד, התורה והמדע עוסקים בתחומים שונים לחלוטין, ולכן לא ייתכנו סתירות ביניהם.

גלילאו הקדים את גולד בנקיטת גישה זו וקבע את הפתגם המפורסם: ״התורה מלמדת אותנו איך להתנהג על־מנת להגיע לשמים, בעוד המדע מלמד אותנו איך מתנהגים גרמי השמים.״ עקב אמירתו זו, הובא גלילאו בפני בית הדין של האינקוויזיציה, שקבע שיש לכנסייה סמכות להשתמש בכתבי הקודש על־מנת לקבוע איך מתנהגים גרמי השמים.

אדם ידוע מאוד אשר תמך בגישה זו של גלילאו וגולד היה פרופסור ישעיהו לייבוביץ. הוא טען שאין בספר בראשית שום ידע מדעי (״ספר בראשית אינו ספר מדע״). במיוחד, טען לייבוביץ, כי מעשה הבריאה בפרק הראשון של

ספר בראשית **אינו** עוסק במקורו והתפתחותו של היקום, אלא ספר בראשית עוסק ביחסים שבין אדם לבוראו. לייבוביץ אמר אותו דבר לגבי ההיסטוריה המופיעה בתורה ("התורה אינה ספר היסטוריה"). אם אין לתורה מה לומר לגבי היסטוריה, אז אין שאלות בתחום ההיסטוריה הדורשות מענה.

הבעיה בגישת גולד-גלילאו-לייבוביץ ברורה. **בתורה ישנם פסוקים רבים המתארים את התפתחות היקום וההיסטוריה של עם ישראל**, ולכן השאלה איך פסוקים אלה בתורה עומדים בביקורת מדעית מוצדקת לחלוטין.

גירסה מרוככת יותר לפתרון זה (לפיו התורה אינה דנה בהתפתחות היקום) היא להגביל את הגישה הזו למעשה הבריאה בלבד. אפשר למצוא פרשני תורה רבים הקובעים כי הבריאה היא אפופת מסתורין שנמצא מעבר להבנתם של בני האדם. לדוגמא, הרמב"ן (פירושו על התורה א:ג) מתייחס למעשה הבריאה כ-"סוד עמוק שאינו מובן מן המקראות, אלא מפי הקבלה."

אולם, הוצאת הפרק הראשון של ספר בראשית מהדיון אינה מסייעת לנו הרבה היות וסתירות לכאורה בין תורה ומדע אינן מוגבלות לפרק הראשון של ספר בראשית. בפרק החמישי כתוב על בני אדם שחיו כמעט אלף שנה. בפרק השביעי מתואר מבול שפקד את כל כדור הארץ. האם לזה יש תמיכה? בפרק השלושים וחמישה כתוב כי יצחק חי עד גיל מאה ושמונים. ואנו קוראים בספר שמות שכעבור רק כמה מאות שנה, משפחתו של יעקב אבינו גדלה משבעים נפש לעם בעל שש מאות אלף איש. סתירות לכאורה בין תורה ומדע מופיעות הרבה בתורה. לכן, הוצאת הפרק הראשון של ספר בראשית מהדיון אינה פותרת את הבעיה.

"פרשני התורה הסבירו לנו איך להבין כל פסוק"

לפי הצעה זו, אין כל צורך להיות מוטרד מסתירות בין תורה ומדע היות ופרשני התורה הסבירו לנו איך להבין את פסוקי התורה. לכן, אין לחפש עוד הסברים. הקושי בהצעה זו הוא שלעיתים קרובות פרשני התורה עצמם אינם מסכימים זה עם זה לגבי הבנת פסוקי התורה ולעיתים המחלוקת ביניהם אף חריפה מאוד. הדוגמא הבאה תבהיר נקודה זו.

כמה זמן היה דרוש עבור בריאת העולם? לכאורה, זוהי שאלה פשוטה היות והתשובה ניתנת בפרק הראשון של ספר בראשית, המתאר את "ששת ימי הבריאה." וכך כותב הרמב"ן (פירושו על התורה א:ג): "הימים הנזכרים במעשה בראשית היו ימים ממש, מחוברים משעות ורגעים, והיו ששה, כששת ימי המעשה כפשוטו של מקרא." לפי הרמב"ן: "פירוש המקרא על פשוטו נכון וברור."

לא כך כותב הרמב"ם הקובע שאין שום חובה להבין כל מילה במעשה בראשית כפשוטה. לפי הרמב"ם (מורה הנבוכים ב:כה): "**דרכי הפירוש אינם נעולים בפנינו**," ואפשר להבין פסוקים מסוימים באופן מטאפורי, ולא כפשוטם. במקרה לפנינו, יש להבין את המילה "יום" במעשה הבריאה כ"שלב" או "תקופה" בהתפתחות היקום, ללא כל התייחסות לאורך זמן של אותה תקופה.

אנו עדים כאן למחלוקת נוקבת בין גדולי התורה בנוגע להבנת פסוקי התורה. כידוע, יש ריבוי דעות להבנת התורה ("**שבעים פנים לתורה**"). לפיכך, קריאת פרשני התורה לא תוביל לפתרון הבעיה.

"המדע הוא ארעי"

קיימת הצעה אחרת ליישב את הסתירות לכאורה בין תורה ומדע המבוססת על הגישה שהמדע נמצא בהשתנות מתמדת, בעוד שהתורה היא נצחית. נטען כי דינה של כל תאוריה מדעית להיות מוחלפת בסופו של דבר על־ידי תאוריה חדשה. לכן, יש לצפות שהסתירות הנראות היום בין תורה ומדע תיעלמנה בעתיד, כאשר התאוריות המדעיות ישתנו.

אך העובדות שונות לחלוטין. כל מדען מיומן יכול להבחין בין תאוריה הנשענת על השערות בלבד לבין תאוריה המעוגנת היטב במציאות ונתמכת בממצאים ובמדידות רבים. לדוגמא, תורת היחסות של איינשטיין ותורת הקוונטים נחלו הצלחה מלאה מעל מאה שנה בהסברת מאות תופעות טבע שונות. קלוש הסיכוי שתאוריה המבוססת היטב כל כך תופרך אי־פעם.

קביעה זו הודגשה על־ידי חתן פרס נובל בפיזיקה סטיבן ויינברג, שכתב: "אין אפילו דוגמא אחת במאה השנים האחרונות של תאוריה בפיזיקה שהייתה מקובלת על־ידי הקהילה המדעית ואחר כך התגלתה כשגויה." **אין אפילו דוגמא אחת!**

אבל מה בדבר המודל הגיאוצנטרי של מערכת השמש, הרואה את כדור הארץ במרכז היקום כשכל גרמי השמים נעים מסביב לו? הוכח כי שגויה תאוריה מדעית זו שבה האמין כל העולם במשך אלף שנה ולבסוף הוחלפה במודל ההליוצנטרי שלפיו השמש ניצבת במרכז מערכת השמש.

לא! המודל הגיאוצנטרי כלל לא היה תאוריה מדעית. לא היו כל ראיות מדעיות שתמכו בה. תאוריה זו הייתה מקובלת במשך אלף שנה על בסיס אמונה פילוסופית דתית בלבד. הכנסייה קבעה כי מקומו של האדם **חייב** להיות במרכז היקום כי האדם הוא נזר הבריאה, ומסלולם של כוכבי הלכת **חייב** להיות מעגלי מפני שמעגל נחשב הצורה הגיאומטרית האידיאלית וגרמי השמים של

הקב"ה חייבים לפעול באופן אידיאלי. אפילו כאשר מודל המסלול המעגלי נכשל בהסברת הנתונים האסטרונומיים, לא זנחה הכנסייה מודל זה. הכנסייה הוסיפה מסלולים מעגליים נוספים, שכונו "אפיציקלים", למודל הגיאוצנטרי. בסופו של דבר, הם הניחו את קיומם של שמונים "אפיציקלים," ועדיין המודל הגיאוצנטרי לא הצליח להסביר את תנועת כוכבי הלכת. לבסוף, כאשר הומצא הטלסקופ בתחילת המאה השבע עשרה, אושרה התאוריה המדעית הראשונה של תנועת כוכבי הלכת - המודל ההליוצנטרי של מערכת השמש שבו נעים כוכבי הלכת סביב השמש במסלולים אליפטיים - תאוריה מדעית המקובלת עד עצם היום הזה.

מה עם המכניקה של ניוטון? האם תורת ניוטון לא הופרכה על־ידי תורת היחסות בשנת 1905, והופרכה בפעם נוספת על־ידי תורת הקוונטום בשנת 1926? **כלל לא!** המכניקה של ניוטון עברה **הכללה** באמצעות התורות הללו והתבררה **כנכונה** כשמדובר במהירויות נמוכות (אפילו מהירות של אלף קילומטר לשנייה נחשבת **למהירות נמוכה** בהקשר זה!) ולמסות גדולות (אפילו שמץ של אבק במשקל טריליונית הגרם נחשב **למסה גדולה** בהקשר זה!). המכניקה של ניוטון כל־כך מדויקת במסגרות רבות שכל סטודנט לפיזיקה נדרש ללמוד את התאוריה הזו.

מדענים לעולם לא יגיעו לאמת המוחלטת לגבי כל פרטי פרטים של חוקי הטבע. אך יש סיבות טובות לחשוב כי הבנת העולם הפיזי הולכת ונהיית מדוייקת יותר ומושלמת יותר במהלך הזמן.

"אין כל סתירה בין תורה ומדע"

הוצע לאחרונה רעיון חדש, דהיינו, **שאין כל סתירה בין תורה ומדע!** חוסר ההתאמה הבולט ביותר בין תורה ומדע מתייחס למסגרת הזמן, בין "ששת ימי הבריאה" של התורה לבין היקום בן מיליארדי שנה של המדע.

הרעיון מבוסס על תורת היחסות הכללית של איינשטיין, לפיו התקדמות הזמן משתנה ממקום למקום לפי העוצמה של כוח הכבידה - אפקט המכונה "הרחבת הזמן." במקום שכוח הכבידה חזק יותר, התקדמות הזמן איטית יותר. לכן, על־מנת ליישב בין ששת ימי הבריאה של התורה לבין יקום בן מיליארדי שנה של המדע, יש רק להניח כי "שעון ספר בראשית" היה במקום שבו כוח הכבידה היה חזק מאוד. לפיכך, הזמן חלף הרבה יותר לאט במקום הזה, ו"שעון ספר בראשית" התקדם רק שישה ימים כאשר במקומות אחרים ביקום חלפו מיליארדי שנה.

אולם, ההסבר הזה אינו יכול להיות נכון מאחר ש"הרחבת הזמן" היא אפקט

זניח. למשל, אורך השנה הנמדד בשמש המאסיבית הוא רק דקה אחת פחות מאורך השנה הנמדד בכדור הארץ, שינוי שהוא רק חלק אחד מתוך מיליון. אפקט כה קטן אינו יכול לדחוס מיליארדי שנים בתוך שישה ימים. אין מקום ביקום שבו היה כוח כבידה מספיק חזק. לכן, ההסבר שהוצע תואר על־ידי הפיזיקאי הבכיר, פרופסור ברי סיימון, במילים אלו: **״הצעה זו מראה חוסר הבנה של פיזיקה בסיסית שמיד זוהתה כשגויה.״**

לאחרונה נעשה ניסיון ליישב את מסגרת הזמן של התורה עם זו של המדע באמצעות ״הסחה קוסמולוגית לאדום.״ כך מכונה השינוי בצבע של קווי הספקטרום של גלקסיות הנסוגות מאיתנו. שינוי זה בצבע האור דומה לשינוי הצליל של רכבת מתרחקת, אפקט שהוסבר על־ידי כריסטיאן דופלר בשנת 1842. אולם, לשינוי בצבע קווי הספקטרום **אין כל קשר להתקדמות הזמן**.

״היקום צעיר אבל רק נראה לנו כבן מיליארדי שנה״

הצעה שונה לחלוטין ליישוב הסתירה לכאורה בין מסגרת הזמן של התורה לבין מסגרת הזמן של המדע היא הטענה הבאה: היקום בעצם צעיר כפי שעולה מן הפשט של ספר בראשית, **אך נראה כבן מיליארדי שנה בעיני המדענים** בגלל שהקב״ה ברא אותו על־מנת שייראה עתיק למרות גילו הצעיר.

למשל, לו אדם מסוים היה נברא על־ידי הקב״ה כאדם בן עשרים שנה, ונבדק יום אחד לאחר בריאתו, הבודק היה משוכנע שהאדם הזה כבר חי עשרים שנה. בדומה לכך, נטען כי עצמות הדינוזאורים ומאובנים נוספים נוצרו בזמן האחרון ולאחר יצירתן הקב״ה קבר אותם באדמה. לכן, גילויים של מאובנים אלו הובילו את המדענים להסיק, בטעות, כי גילו של כדור הארץ הוא מיליארדי שנה.

למרות שבלתי־אפשרי להוכיח כי גישה זו מוטעית, לא מובן מהי סיבת ההטעייה הזו על־ידי הקב״ה.

גישת הרמב״ם

לאחר דחיית יתר הגישות שהוצעו ליישב את הסתירות לכאורה שבין התורה והמדע, הגיע הזמן להציג את הגישה המועדפת על כותב שורות אלו - גישתו של הרמב״ם. בחיבורו ״מורה הנבוכים״ (ב:כה), הרמב״ם מסביר כיצד לפרש את הפסוקים הלא־הלכתיים של התורה. (הדרך לפרש את הפסוקים בחלק ההלכתי של התורה אינה שייכת לדיון כאן.)

הרמב״ם כותב כי תמיד יש לנסות לפרש את פסוקי התורה כפשוטם. אולם,

אם הפשט של פסוק מסוים עומד בסתירה לידע המבוסס היטב או בניגוד להיגיון, אז עלינו לפרש את הפסוק הזה באופן מטאפורי ולא כפשוטו כי, "אין דרכי הפירוש נעולים בפנינו" (ב:כה).

גישתו של הרמב"ם מעוררת את שאלת הצורך ביישוב הסתירות שבין תורה למדע. לפי הרמב"ם, **אינה יכולה להיות** כל סתירה בין התורה למדע. כל אימת שיש סתירה בין התורה למדע, יש לפרש את מילות התורה באופן מטאפורי, והסתירה נעלמת. אם כן, מדוע לטרוח ליישב את הסתירה?

הרמב"ם עצמו ענה על שאלה זו כאשר הוא כתב: "**יש חובה בהחלט להסביר את כל פסוקי התורה.**" לכן, "דרכי הפירוש" פתוחות בפנינו **אך ורק כאשר** פשט הפסוק אינו תואם את המציאות. הרמב"ם כתב, "**שאין זה ראוי לבטל את משמעות הפשט של פסוקי התורה ללא סיבה מבוססת.**" לפי הרמב"ם, החתירה ליישוב הסתירות בין התורה למדע היא **חובה.**

עתה ניישם קביעה זו של הרמב"ם לעניין גילו של היקום. אם נבין את ששת ימי הבריאה בתורה כפשוטם, דהיינו, כשישה פרקי זמן בני עשרים וארבע שעות כל אחד, נעמוד מול שפע עצום של קביעות מדעיות מבוססות היטב הסותרות פשט זה. לכן, לפי גישתו של הרמב"ם, עלינו להבין את המונח "יום" במעשה הבריאה באופן מטאפורי, המצביע על שלב או תקופה בהתפתחותו של היקום, ללא כל התייחסות לאורך זמן של אותה תקופה.

ועדיין יש לשאול: מדוע השתמשה התורה במילה "יום" כאשר המובן של התורה היה "תקופה"? התשובה ניתנת בפסוקים המופיעים מיד אחר סיפור מעשה בריאה. פסוקים אלה (ב:א-ג) מדברים על השבת. הקב"ה קבע את יום השביעי כיום קדוש, משום שיום זה מסמל את סיומו של בריאת העולם, כמו שאומרים כל שבוע בקידוש של ליל שבת. היות ושבת היא יום רגיל, בן עשרים וארבע שעות, גם תקופות הבריאה נקראות "ימים" לחזק את הקשר בין בריאת העולם לבין השבת.

הקשר בין שבת לבין בריאת העולם מקבל משנה-תוקף בעשרת הדברות (שמות כ:ח-יא), שבה כתוב שאנו מצווים לשמור את השבת כתזכורת שבועית שהקב"ה ברא את העולם.

הרמב"ם אינו הפרשן היחיד שקבע שאפשר להבין את המילה "יום" בתנ"ך במובן "תקופה." בספר הושע כתוב (ו:ב): "**יחיינו מיומיים, ביום השלישי יקימנו ונחיה לפניו.**" בפירושו לפסוק זה, רש"י מעיר כי שלושת "**הימים**" הנזכרים בפסוק זה הם "**תקופות**" שונות בתולדות עם ישראל.

מקורו של היקום

אם מתקבלת הגישה ש"יום" במעשה בראשית הוא למעשה "תקופה," אפשר להראות שכל האירועים המתוארים במעשה בראשית **תואמים להפליא** את גילויי המדע המודרני. דוגמא אחת תציג את היקף ההתאמה בין פסוקי התורה לבין ממצאי המדע.

מניין הגיע היקום? תשובתו של אדם מאמין היא שהיקום הופיע כתוצאה של מעשה בריאה כפי שכתוב בפסוק הראשון של ספר בראשית. אולם, תשובה זו נחשבה במשך זמן רב כבלתי-אפשרית מבחינת המדע, היות והיא סותרת את "חוק שימור מסה ואנרגיה." לפי חוק טבע זה, מסה (חומר) ואנרגיה יכולים לשנות צורתם, אבל לא ייתכן כי משהו ייווצר מלא-כלום. לכן, הניחו המדענים שהיקום הוא נצחי, וכך נמנעו משאלות בנוגע למקורו. הגישה שהיקום נברא "יש מאין" גרמה עימות בין התורה למדע. כך היו הדברים במשך שנים רבות.

עתה השתנה מצב זה. המאה העשרים הייתה עדה להתפרצות של ידע מדעי, במיוחד בתחום הקוסמולוגיה, ענף המדע העוסק בהתחלת היקום והתפתחותו. ההתקדמות בקוסמולוגיה במהלך העשורים האחרונים איפשרה למדענים לתאר את ההיסטוריה של היקום מראשיתו עד היום. ממצאים מדעיים רבים מאשרים את תאוריית המפץ הגדול של הקוסמולוגיה. קיימים ארבעה ממצאים מדעיים עיקריים התומכים בתאוריה זו:

- גילוי שרידי כדור האור הקדום

- מדידת היחס בין כמות המימן לכמות ההליום ביקום

- מדידת התפשטות הגלקסיות

- מדידת התכונות המיוחדות של שרידי המפץ הגדול על-ידי לוויני החלל

רק תאוריית המפץ הגדול מסוגלת להסביר את כל הממצאים המדעיים הללו. לפיכך, קיימת הסכמה בין אנשי מדע שתאוריה זו היא נכונה. לפי כתב-העת היוקרתי Scientific American (אפריל 2004, עמ' 30): "**התמיכה המדעית בתאוריית המפץ הגדול היא חזקה יותר מאי-פעם.**" מאלף לצטט כמה מדענים מובילים בנושא **הבריאה:**

- חתן פרס נובל פאול דיראק, מאוניברסיטת קיימברידג', כותב:

  "נראה בטוח שהייתה בריאה בזמן מסוים בעבר."

- פרופסור אלן גות', מהמכון הטכנולוגי של מסצ'וסטס (MIT), כותב:

"רגע הבריאה נותר ללא הסבר."

- פרופסור סטיבן הוקינג, מאוניברסיטת קיימברידג', כותב:

"הבריאה נמצאת מחוץ לתחום חוקי הטבע הידועים."

מהי כוונת המדענים בשימוש במונח "בריאה"? מה בדיוק נברא על-מנת להתחיל את היקום? המדענים גילו כי היקום התחיל בהופעתו הפתאומית של **כדור אור** עצום, שכונתה "**המפץ הגדול**" בפי האסטרופיזיקאי פרופסור פרד הויל. שרידי כדור האור הקדום נתגלו בשנת 1965 על-ידי שני מדענים אמריקנים, ארנו פנזיאס ורוברט וילסון, תגלית שזיכתה אותם בפרס נובל.

בנוסף לאישוש לבריאת העולם, גילוי כדור האור הקדום עונה על שאלה נוספת. ביום הראשון לבריאה, כתוב בספר בראשית: "**ויהי אור**." אולם, ביום הראשון של הבריאה לא היו קיימים לא שמש, לא כוכבים, לא ירח, לא נרות ואף לא כל מקור אור אחר. לפיכך, כיצד עלינו להבין את "**האור**" המוזכר בפרק הראשון של ספר בראשית? עכשיו, גילו המדענים כי **אכן היה אור בתחילת הזמן** - המפץ הגדול שהוא כדור האור הקדום שהופעתו בישרה את תחילת היקום.

כך ברורה ההתאמה בין הקוסמולוגיה של היום לבין ספר בראשית. קשה לדמיין תאוריה מדעית היכולה לתאום טוב יותר את פסוקי התורה מתאוריית המפץ הגדול.

סיכום

שאלות בנוגע לסתירות לכאורה בין תורה ומדע העסיקו תאולוגים לאורך הזמן. יש עוד היבטים רבים לעניינים המורכבים הללו מאלה שנגענו בהם כאן. אולם, אפילו הדיון המצומצם שלנו עשוי לתרום תרומה בעלת ערך לחידה עתיקת יומין זו.

2

הכוכבים הרחוקים והחיים
על־פני כדור הארץ

אחד מיסודות התורה הוא שהקב״ה ברא את העולם, בהתאם לכתוב בפרק
הראשון של ספר בראשית. על חשיבות האמונה שהקב״ה ברא את העולם,
כתב הרמב״ן: "הוא שורש האמונה ומי שאינו מאמין בזה, אין לו תורה כלל"
(פירוש על התורה, בראשית א:ג). עקב חשיבותה של בריאת העולם, אפשר
לשאול: **מדוע** ברא הקב״ה את העולם? ברור שהקב״ה לא ברא את העולם
עבור כוכבים או סלעים או מים. הקב״ה ברא את העולם עבור היצורים החיים,
ובמיוחד, עבור האדם. הרעיון שהאדם הוא נזר הבריאה מופיע במקורות
תורניים רבים, כולל בתלמוד (סנהדרין לח:א):

> "האדם נברא בערב שבת - ומפני מה? כדי שייכנס לסעודה מיד. משל
> למלך בשר ודם שבנה פלטרין (ארמון) ושיכלל אותו והתקין סעודה, ואחר
> כך הכניס אורחים."

לאור זה, אפשר לצפות שלכל פריט שהקב״ה הכניס לעולם שהוא ברא,
יש תפקיד לשרת את האדם.

אולם, קל להשתכנע שאין כל הצדקה מדעית לטענה זו שכל דבר הקיים
ביקום משרת את האדם. למשל, מהי תרומתם של הכוכבים בכמות הכמעט
אין־סופית שממלאים את השמים? מה הקשר ביניהם ובין האדם? העיקרון
שהכוכבים משפיעים בצורה זו או אחרת על חייהם של האדם, הוא אסטרולוגיה
שהאדם המשכיל התנער ממנה מזמן.

ככה חשבו בעבר. אולם, גילויים מדעיים של הזמן האחרון חשפו קשר ישיר
וחשוב בין החיים על־פני כדור הארץ לבין הכוכבים. למעשה, אין זו הגזמה

לטעון שבהיעדר הכוכבים הרבים שממלאים את השמים, לא יתאפשרו החיים. מטרת פרק זה היא להצדיק קביעה זו.

מקור החומר ביקום

לפי התאוריה הקוסמולוגית המודרנית - "המפץ הגדול" - דקות ספורות אחר היווצרות היקום, לא היו בו אלא שני יסודות כימיים בלבד, מימן והליום, היסודות הפשוטים ביותר. לא היו ביקום אף לא אחד מהיסודות הכימיים החיוניים לקיומם של החיים, כולל פחמן, חמצן, חנקן ועוד. במשך שנים רבות, איש לא ידע את מקורם של היסודות החיוניים האלה.

החידה הזו הגיעה לפתרונה על־ידי האסטרופיסיקאי פרד הויל, מאוניברסיטת קיימברידג'. הויל הראה שהכוכבים הם "בתי חרושת" ליצירת יסודות כימיים מורכבים. במרכז הכוכב, הלחץ כה עצום והטמפרטורה כה גבוהה שהיסודות הפשוטים - מימן והליום שנוצרו במהלך המפץ הגדול - דחוסים זה לזה ומתחברים לייצור יסודות מורכבים יותר, כולל פחמן, חמצן, ויתר היסודות החיוניים לחיים. אבל, מהי התועלת בזה? בני אדם אינם יכולים לחיות בתוך כוכב. אז, התרחש תהליך מרשים מאוד. לפעמים כוכב שלם מתפוצץ - התפוצצות אדירה המכונה "סופרנובה." במסגרת התפוצצות הסופרנובה, התפזרו לרחבי החלל כל היסודות הכימיים שהיו בתוך הכוכב. מחומר זה נוצרו כוכבי לכת, סלעים, מים, אוויר, ורקמות הגוף שלנו.

הקשר בין הכוכבים לבין החיים על־פני כדור הארץ

אנציקלופדיית קיימברידג' לאסטרונומיה עומדת על הקשר הישיר בין קיום החיים על־פני כדור הארץ לבין היווצרות היסודות הכימיים בתוך הכוכבים הרחוקים (עמודים 121, 123, 125):

> "בעבר היה מקובל לחשוב כי הרכב היסודות הכימיים ביקום לא השתנה מעולם... עכשיו מבינים שכל האטומים שבכדור הארץ (למעט מימן והליום) נוצרו בליבות של כוכבים ענקיים השייכים לדור הכוכבים שקדם להיווצרותם של כוכבי הלכת. הסבר התהליך שבו נוצרו היסודות הכימיים, הוא מן התגליות הגדולות של הפיזיקה במאה העשרים... כל אטום שבגופנו נוצר בעבר הרחוק של ההיסטוריה הגלקטית."

המאמר מסיים במשפט נדיר לאנציקלופדיה מדעית:

> "אין אנו אלא ילדי היקום."

דהיינו, כמו שבלתי־אפשרי שיהיה ילד בלי הורים, כך **בלתי־אפשרי שיהיו בני אדם בלי היקום כולו**. הרעיון שכל היקום נחוץ לבני אדם מתאים בדיוק לרעיון שהאדם הוא נזר הבריאה.

קשר נוסף בין הכוכבים הרחוקים לבין החיים על־פני כדור הארץ

ישנו קשר נוסף, חשוב לא פחות, בינינו ובין הכוכבים. קשר זה מתייחס למרחק העצום המפריד בינינו לבין הכוכבים. היום ידוע שריחוק זה חיוני לקיומנו. בעת התפוצצות הסופרנובה מתפזרים לא רק יסודות כימיים חיוניים לחיים, אלא גם "קרינה קוסמית" בעלת עוצמה קטלנית. אנחנו ניצלים מפגיעתה ההרסנית של קרינה זו **אך ורק** בזכות המרחק הרב בינינו לבין הכוכבים. הדרך הארוכה הנדרשת לקרינה קוסמית לעבור לפני שתגיע אלינו מפחיתה את עוצמתה עד שאין לה יכולת לפגוע בנו. אפילו הכוכב הקרוב ביותר למערכת השמש שלנו נמצא **חמש שנות אור ממנו**. (שנת אור היא המרחק שאור מתקדם תוך שנה שלמה, כאשר תוך שנייה אחת בלבד, אור מתקדם 300,000 קילומטר!)

פרימן דייסון, מהמכון למחקר מתקדם על־יד אוניברסיטת פרינסטון (מוסד מחקר שבו אלברט איינשטיין שימש כפרופסור במשך שנים רבות), מסביר:

"המרחבים העצומים בין הכוכבים מדללים את עוצמת הקרינה הקוסמית במידה כזו המאפשרת לנו לחיות. אלמלא כן, לא הייתה שום מערכת ביולוגית מסוגלת להתקיים."

ההתפוצצות של כוכבים אי־שם בחלל היא רק אחת מהתרחשויות רבות ושונות, שכולן היו חיוניות לקיומו ולרווחתו של האדם - ואכן התרחשו. מדענים רבים התייחסו לתופעה זו של צירופי מקרים, שהצד השווה שבהם הוא טובת האדם. פרימן דייסון מבטא את התפעלותו לגבי ההתרחשויות האלו:

"כאשר אנו מביטים אל היקום ומזהים את המספר הרב של מאורעות אסטרונומיים שמניבים בדיוק את התוצאה הרצויה לאדם, מתעוררת בנו התחושה שבמובן מסוים, ידע היקום מראש על בואנו."

קל להבחין בהרמוניה השוררת בין דברי המדען הלא־יהודי, בעל שם עולמי, ובין דברי חז"ל שהובאו בראש הפרק.

3

בריאת העולם לפי הקבלה

בשנים האחרונות, מדענים דתיים רבים, ואני ביניהם, כתבו ספרים בנושא ההרמוניה ההולכת ומתרחבת בין גלויי המדע לבין בריאת העולם כפי שהיא מתוארת בספר בראשית. ראויה לציון באופן מיוחד תאוריית המפץ הגדול של הקוסמולוגיה, תאוריה המסבירה לפי המדע את כל הביטויים המופיעים בחמשת הפסוקים הראשונים בספר בראשית - היום הראשון של הבריאה. לאור ההתאמה המרשימה הזו בין תורה למדע, מתעורר רצון לחקור מקורות נוספים במסורת היהדות העוסקים בבריאת העולם, ובמיוחד את הקבלה - תורת הנסתר והמיסטיקה של היהדות.

קיימות מסורות שונות לקבלה. אנו נעסוק בגירסא של האר״י (רבי יצחק לוריא, המאה השש עשרה), שגישתו לקבלה הולכת בעקבותיהם של מקובלים קדומים שעסקו בתורת הסוד. רעיונותיו של האר״י הועלו על הכתב על-ידי תלמידו המובהק, הרב חיים ויטאל, בספרו ״עץ חיים.״

תיאור בריאת העולם המופיע בספרי קבלה שונה מאוד מתיאור הבריאה המופיע בפרק הראשון של ספר בראשית. אין זה מצביע על סתירה בין שני התיאורים של אותו אירוע, אלא על קיומן של שתי גירסאות שונות כאשר כל גירסא מדגישה צד שונה בבריאה. ספר בראשית עוסק ברצף אירועים שהתרחשו (יום אחד, יום שני וכו׳), בעוד שספרי הקבלה מדגישים את תפקידו של הקב״ה בתהליך הבריאה.

האם אפשר למצוא התאמה בין תיאור הבריאה לפי הקבלה לבין זה של המדע? יש שיתנגדו לשאלה זו בטענה שהקבלה עוסקת בעולם הרוחני בעוד שהמדע עוסק בעולם הפיזי. אולם, אחד מעקרונות הקבלה הוא ש״העולם העליון,״ לבוש בצורה מתאימה, יורד מטה ויוצר מקביל ב״עולם התחתון.״

לפיכך, מתאים לשאול האם יש בעולם הפיזי, "התחתון," תכונות הקשורות לתכונות המתוארות בספרי הקבלה. נראה שהתשובה לשאלה זו היא: "כן"

בריאת העולם לפי הקבלה

יש אנשים שעוסקים כל חייהם בלימוד מסתורי הקבלה. לפיכך, מובן כי אין בכוונתנו להביא כאן תיאור מקיף של הקבלה. לצורך מטרתנו, די להתרכז במספר עקרונות בסיסיים.

לפי הקבלה, כוחו של הקב"ה מתגלה ומתממש באמצעות "עשר הספירות," שהן כעין עשרת המימדים הרוחניים של הקב"ה. הספירות החשובות הללו נמצאות במרכז כל דיון על הקבלה, והן מהוות את המסגרת לכוחות האלוהיים הנתפסים על-ידי בשר ודם. עוד נקודה חשובה היא שסביב כל אחת מעשר הספירות קיימת מעין מעטפת הנקראת "כלי."

הקבלה מאפיינת את הקב"ה בכינוי "אין-סוף," דהיינו, בלתי-מוגבל. בתחילה, ה"אין-סוף" היה קיים לבדו, ללא כל ישות אחרת וללא יקום. על-מנת לאפשר ליקום להתקיים, נדרשה פעולת "צמצום" מצדו של הקב"ה.

משמעותו של המושג "צמצום" היא כיווץ, שהאר"י פירש כנסיגה אלוהית שיצרה "מקום," כביכול, עבור היקום. לכן, היקום יכול היה להתקיים במקביל ל"אין-סוף." בתוך "המקום" שנוצר כתוצאה מהצמצום, הופיעה קרן אור אלוהי הנקרא "קו" ומאור זה נוצר היקום כולו. הדבר הנוגע לדיוננו כאן הוא השפעת האור הזה על הכלים שמסביב לכל אחת מעשר הספירות.

כליהן של שלוש הספירות הראשונות הצליחו להכיל את קרן האור האלוהית שזרמה לתוכם. אולם, כאשר נפגשה אותה קרן אור בשבע הספירות הבאות, היא התחזקה עד-כדי-כך שהיא שברה את כליהן של הספירות בזו אחר זו. אירוע זה מכונה על-ידי הקבלה כ"שבירת הכלים."

בריאת העולם לפי המדע

ענף המדע העוסק בתחילת היקום והתפתחותו מכונה קוסמולוגיה. בכל עידן ובכל תרבות, הביטו אנשים בשמים ותהו: **מהו מוצאם של אותם גרמי שמים – השמש, הירח והכוכבים?** בריאת גרמי השמים נחשבה כבלתי-אפשרית מאחר שההנחה הייתה כי לא ייתכן ליצור **יש מאין.** לפיכך, הניחו המדענים כי היקום הוא נצחי, ולכן נמנעו משאלות בנוגע למקורו. כך היו הדברים במשך שנים רבות.

עתה השתנו פני הדברים. במהלך המאה העשרים, הייתה התפרצות של ידע

מדעי, במיוחד בתחום הקוסמולוגיה. במשך אלפי שנים, עסקו האסטרונומים בגרמי השמים. אך הם עסקו אך ורק במיפוי מסלולי כוכבי הלכת וכוכבי השביט, קביעת הרכבם, הספקטרום שלהם ותכונות נוספות כאלו. מקורם של גרמי השמים נותר בגדר תעלומה מוחלטת. ההתקדמות החשובה בתחום הקוסמולוגיה במהלך העשורים האחרונים אפשרה למדענים להבין את תולדות היקום ומקורו. היום, הוכחות מדעיות רבות תומכות בתאוריה הקוסמולוגית של "המפץ הגדול."

מעמדה של תאוריה זו בקרב אנשי מדע סוכם על־ידי הפיזיקאי בריאן גרין, מאוניברסיטת קולומביה: "לפי התאוריה המודרנית של מקור היקום, היקום התחיל באירוע אנרגטי עצום. תאוריית המפץ הגדול להסברת הבריאה היא **המודל המקובל של הקוסמולוגיה**." התיזה המרכזית של תאוריית המפץ הגדול היא **שהיקום התחיל במעשה בריאה**.

מהי כוונת הקוסמולוגים כשהם משתמשים במונח "**בריאה**"? מה בדיוק נברא להתחיל את היקום? המדענים גילו כי היקום התחיל בהופעתו הפתאומית של **כדור אור עצום** המכונה על־ידי הקוסמולוגים "כדור האור הקדום," אבל כונה בשם "**המפץ הגדול**" על־ידי האסטרופיזיקאי הבריטי פרד הויל. שרידים מכדור האור הקדום הזה נתגלו ב־1965 על־ידי שני מדענים אמריקנים, ארנו פנזיאס ורוברט וילסון, שלהם הוענק פרס נובל עבור תגליתם זו. במשך השנים התגלו ראיות רבות נוספות התומכות בתאוריית המפץ הגדול.

היות שמיד אחר בריאתו, לא היה קיים ביקום שום דבר מלבד כדור האור הקדום, מאין הגיעו כל הכוכבים, הפלנטות, הסלעים, וכל יתר החומר שאנו מכירים היום? התשובה ניתנת במשוואה המפורסמת של אינשטיין:

$$E = mc^2$$

כאשר האות E מסמלת "אנרגיה" (כדור האור הקדום היה מקור אדיר של אנרגיה) והאות m מסמלת "מסה," דהיינו, חומר. משוואה זו קובעת שבתנאים מתאימים, חומר יכול להפוך לאנרגיה וגם אנרגיה יכולה להפוך לחומר. לפי תאוריית המפץ הגדול, כל החומר שעכשיו קיים ביקום, מקורו הוא האנרגיה שהייתה בכדור האור הקדום שנברא בתחילת היקום.

השוואה בין הקבלה למדע

לאחר תיאור בריאת העולם הן לפי הקבלה והן לפי המדע, נחפש מקבילות בין שתי הגירסאות.

לפי הקבלה, מצאנו שבריאת העולם כוללת את שלושת המרכיבים הבאים:

- היקום החל בהופעה פתאומית של קרן אור עצומה.
- מקרן האור הזו נוצר כל היקום.
- קיימים עשרה מימדים ("ספירות") ליקום, מהם שלושה "שלמים" ועוד שבעה "שבורים."

היסוד הראשון בתיאור הבריאה על־פי הקבלה הוא **אירוע** - הבריאה. כפי שראינו, קיימת התאמה מלאה בין הקבלה לבין תאוריית המפץ הגדול, תאוריה המאשרת כי היקום אכן נברא.

היסודות השני והשלישי בקבלה עוסקים **בישויות** - (א) האור האלוהי, (ב) עשר הספירות. לפי הקבלה, כל ישות ב"העולם העליון" יורדת מטה ל"העולם התחתון" בלבוש פיזי מתאים. לפיכך, עלינו לחפש את המקבילות הגשמיות ב"העולם התחתון" לאור האלוהי ולעשר הספירות.

המקבילה הפיזית לאור האלוהי לפי הקבלה היא כדור האור הקדום שמתואר בתאוריית המפץ הגדול, הגורסת שהישות שנוצרה בתחילת הזמן הייתה כדור אור עצום. באמצעות מיכשור מתאים, אפשר אפילו היום לראות את השרידים מאותו האור הקדום מתחילתו של היקום.

הקושי טמון במרכיב השלישי של תיאור הבריאה לפי הקבלה. מהי המקבילה הגשמית לעשר הספירות? היות והספירות נתפסות כ"מימדיה של האלוהות," אפשר להניח שהספירות מקבילות למימדים הפיזיים של היקום. נקביל את שלוש הספירות "השלמות" לשלושת המימדים האינסופיים של היקום המוכרים לנו: מזרח־מערב, צפון־דרום ומעלה־מטה.

זה מוביל אותנו ללב הבעיה. האם אפשר לדבר על יקום בעל עשרה מימדים? ומהי משמעותן של "הספירות השבורות"? האם קיים דבר כמו "מימד שבור"?

כוח הכבידה

מדענים אכן מדברים היום על יקום בעל עשרה מימדים והסיבה לכך קשורה לכוח הכבידה (גרביטציה). במהלך השנים, תאוריית כוח הכבידה עברה מספר שינויים.

תאוריית כוח הכבידה של ניוטון

בשנת 1687, פירסם אייזיק ניוטון את התאוריה המסבירה את כוח הכבידה. ספרו של ניוטון, הידוע תחת השם הלטיני "פרינציפיה," נחשב כספר הפיזיקה

החשוב ביותר שנכתב אי־פעם. ניוטון טען שכל זוג עצמים ביקום מושכים זה את זה באמצעות "כוח הכבידה" שעוצמתו תלויה במרחק שבין שני העצמים. באמצעות תאוריה זו, הצליח ניוטון להסביר לא רק את תנועת כוכבי הלכת אלא גם תופעות טבע נוספות, כגון הגאות והשפל.

כוח הכבידה הוא אחד מארבעת הכוחות בטבע. שלושת הכוחות האחרים הם שני כוחות גרעיניים (כוחות הפועלים רק בתוך גרעין האטום) והכוח האלקטרומגנטי.

תאוריית כוח הכבידה של איינשטיין

בשנת 1905, הציע אלברט איינשטיין את תורת היחסות הפרטית. לפי תאוריה זו, קיים קשר בין מסה (m) ואנרגיה (E) דרך הנוסחה המפורסמת, $E = mc^2$, כאשר האות c מציינת את מהירות האור. תורת היחסות הפרטית אושרה אינספור פעמים והיום היא אחד מעקרונות הבסיסיים של הפיזיקה. כל תאוריה בפיזיקה חייבת להיות מתאימה לתורת היחסות. תאוריות הכוחות הגרעיניים וכוח האלקטרומגנטי מתאימות לתורת היחסות, אך לא תאוריית כוח הכבידה של ניוטון.

איינשטיין עמל עשר שנים על־מנת לפתח תאוריה חדשה לכוח הכבידה שתהיה מתאימה לתורת היחסות. בשנת 1915, הציג איינשטיין את תאוריית כוח הכבידה שלו, שאותה כינה "תורת היחסות הכללית."

החידוש הגדול של איינשטיין היה שכוח הכבידה אינו כוח בכלל, אלא **"עיוות של המרחב."**

דהיינו, המשיכה בין שני עצמים **אינה** נובעת מכך שעצם אחד מושך את השני (כמו במקרה של כוח החשמלי הפועל בין שני מטענים חשמליים). משיכת הגרביטציה פועלת כך: העצם הראשון "מעוות" את המרחב שמסביבו והעצם השני זז כתגובה לאותו עיוות במרחב. מאחר שאיננו מסוגלים לראות את העיוות שבמרחב, נראה לנו **כאילו** שני העצמים מושכים זה לזה באמצעות כוח.

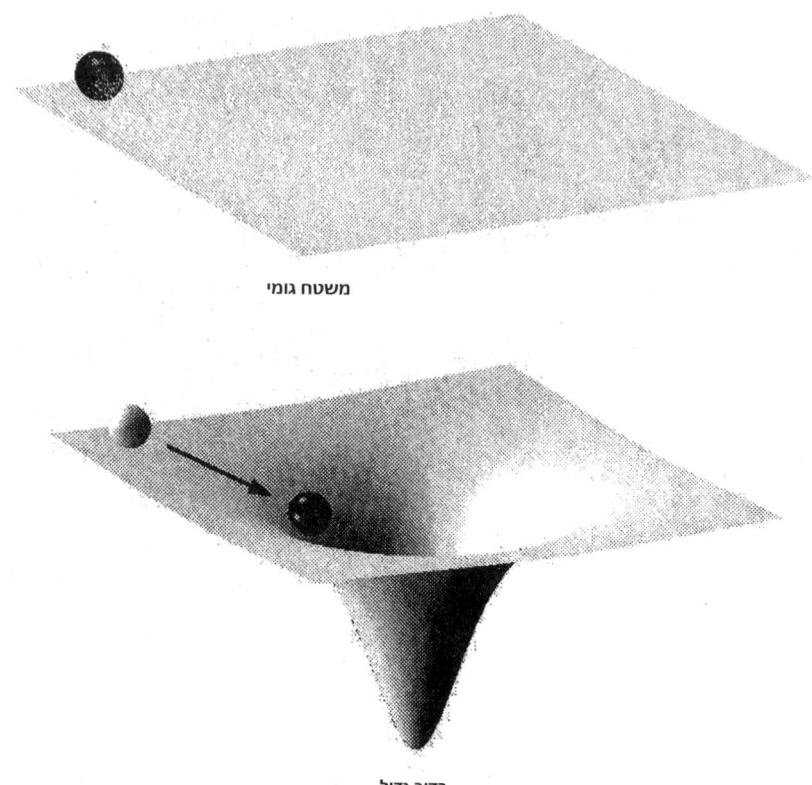

משטח גומי

כדור גדול

מקובל להסביר רעיון זה באמצעות האיור המופיע למעלה. בחלק העליון
של האיור, רואים יריעת גומי מתוחה שעליה מוצב כדור קטן, ללא תנועה.
בחלק התחתון של האיור, רואים שהיריעה השתנתה לאחר שהונח עליה כדור
גדול. הכדור הגדול מעוות את היריעה. מידת העיוות גדולה יותר קרוב לכדור
הגדול והעיוות הולך ופוחת ככל שמתרחקים ממנו.

כתוצאה מעיוות היריעה, הכדור הקטן מתחיל לנוע לקראת הנקודה שבה
העיוות גדול יותר, דהיינו, למקום שבו נמצא הכדור הגדול. וזאת למרות **שאין
כל כוח בין שני הכדורים**. הכדור הקטן נע אך ורק בשל העיוות ביריעה.

למרות שתאוריות הגרביטציה של איינשטיין ושל ניוטון הן שונות מיסודן,
חיזוייהן של שתי תאוריות אלו דומים מאוד. למעשה, חיזוייהן של שתי
התאוריות כה דומים שבמשך מאות שנים, איש לא פיקפק בתאוריה של ניוטון.
אולם, כאשר לשתי התאוריות חיזויים שונים, תמיד התאוריה של איינשטיין
היא הנכונה. לכן, התאוריה של איינשטיין לגרביטציה מקובלת היום על כל
המדענים.

לסיכום, לפי תאוריית איינשטיין, הגרביטציה שונה משלושת הכוחות האחרים של הטבע (כוח האלקרומגנטי ושני כוחות הגרעין). עכשיו, נראה את חשיבותה של העובדה כי הגרביטציה היא אינה כוח אלא עיוות של המרחב.

תורת הקוונטום

בתחילת המאה העשרים, מדענים פיתחו תאוריה חדשה לתאר את היקום, הרי היא תורת הקוונטום. תאוריה זו אושרה באלפי ניסויים והפכה לעיקרון בסיסי של הפיזיקה. להצגה מצוינת וגם פשוטה של תורת הקוונטום, ראה ספרו של ריצ׳רד פיינמן, *התאוריה המוזרה של אור וחומר*.

היות ותורת הקוונטום היא תאוריה נכונה, חובה על כל תאוריה בפיזיקה להיות מתאימה לתורת הקוונטום. פיינמן פיתח הליך שעל־ידו אפשר להתאים תאוריה בפיזיקה לתורת הקוונטום. עבור פיתוח ההליך הזה, זכה פיינמן בפרס נובל.

באמצעות ההליך של פיינמן, מדענים הצליחו להתאים בין תורת הקוונטום לבין תאוריות של שלושה מבין ארבעה הכוחות בטבע (הכוח האלקרומגנטי ושני כוחות הגרעיניים). לעומת זאת, מתברר שבלתי־אפשרי לתאם בין תורת הקוונטום לבין תאוריית הגרביטציה של איינשטיין. הסיבה לכך היא שלפי איינשטיין, הגרביטציה אינה בכלל כוח, אלא היא עיוות במרחב. בגלל מאפיין זה, אי־אפשר להתאים את תאוריית הגרביטציה של איינשטיין לתורת הקוונטום.

זוהי אכן בעיה רצינית ביותר. תורת הקוונטום היא ללא ספק תאוריה נכונה, ותאוריית הגרביטציה של איינשטיין היא ללא ספק תאוריה נכונה. לכן, איך ייתכן שאי־אפשר להתאים שתי תאוריות נכונות יחד? מדוע אי־אפשר לפתח תאוריה של ״גרביטציה קוונטית״?

תורת המיתרים

הסתירה בין תורת הקוונטום לבין תאוריית הגרביטציה של איינשטיין מיושבת באמצעות תורת המיתרים, שהיא מסגרת חדשה לתאר את היקום. לפי התפיסה הקודמת, הישויות הבסיסיות ביקום הן החלקיקים - האלקטרון, הקווארק, הפוטון וכו׳. בניגוד לתאור זה, תורת המיתרים גורסת כי הישויות הבסיסיות ביקום הן ״מיתרים״ זעירים. מיתרים אלה יכולים לרטוט (כמו מיתרי כינור) ואנרגית הרטט נראית לנו ״כחלקיק״ לפי היחס בין אנרגיה למסה, $E = mc^2$.

(תיאור מעולה על תורת המיתרים, שמתאים לקהל הרחב, אפשר למצוא בספרו של בריאן גרין, *היקום האלגנטי*.)

אולם, עם היקום בעל שלושה מימדים (מעלה־מטה, קדימה־אחורה, ימינה־שמאלה), גם במסגרת תורת המיתרים, אי־אפשר להגיע לתאוריה של "גרביטציה קוונטית." למעשה, אם מספר המימדים ביקום הוא פחות מעשרה, אי־אפשר לפתח תאוריה של "גרביטציה קוונטית." אולם, אם היקום הוא בעל עשרה מימדים, אז במסגרת תורת המיתרים, תאוריית הגרביטציה של איינשטיין אכן מתאימה לתורת הקוונטום, ולכן קיימת תאוריה של "גרביטציה קוונטית."

לסיכום, תאוריית הגרביטציה של איינשטיין חייבת להיות מתאימה לתורת הקוונטום, ואפשר להגיע להתאמה זו אך ורק אם ליקום יש עשרה מימדים. מסיבה זו, המדענים קובעים שהיקום אכן בעל עשרה מימדים.

מתוך עשרת המימדים של היקום, שלושה מהם מוכרים לנו מזמן, ואלו הם: מעלה־מטה, מזרח־מערב וצפון־דרום. שבעת המימדים האחרים אינם נגישים לחושינו. מתוך כך, בעבר סברו כי היקום בעל שלושה מימדים בלבד.

מימדים מצומצמים

כיצד אפשר ליישב בין היקום בעל עשרה מימדים לבין חווייתנו היומיומית של יקום בעל שלושה מימדים בלבד? מהי משמעותם של שבעת המימדים האחרים? מדוע איננו חווים אותם?

לפי תורת המיתרים, שבעת המימדים האחרים הם "מצומצמים" או "דחוסים" לשיעור כה זעיר שבלתי־אפשרי לחוש אותם. שלושת המימדים הרגילים משתרעים על־פני תחום אין־סופי, ואילו שבעת המימדים האחרים משתרעים על־פני תחום זעיר ביותר. לפי תורת המיתרים, אורכו של מימד מצומצם הוא מיליארדית של מיליארדית של מיליארדית של רדיוס האטום! אורך זה קרוי "אורך פלאנק," לכבודו של חתן פרס נובל מקס פלאנק, אבי תורת הקוונטום. אורך זה זעיר כל־כך שאין שום אפשרות להבחין בו באופן ישיר.

המושג מימד מצומצם מודגם באיור המופיע בעמוד הבא. בחלקו העליון של האיור נראה צינור בעל שלושה מימדים: אורכו ושטח החתך שלו. בחלקו התחתון של האיור, מוצג צינור דומה אלא ששטחו החתך שלו קטן כל־כך שהצינור נראה כמעין חוט. אם שטח החתך יוקטן עוד יותר, נתקשה להבחין בשני מימדים שלו ולבסוף לא נוכל בכלל להבחין בהם.

בדומה לכך, מימד מצומצם הוא מימד קיים, אבל כה קטן שאי־אפשר

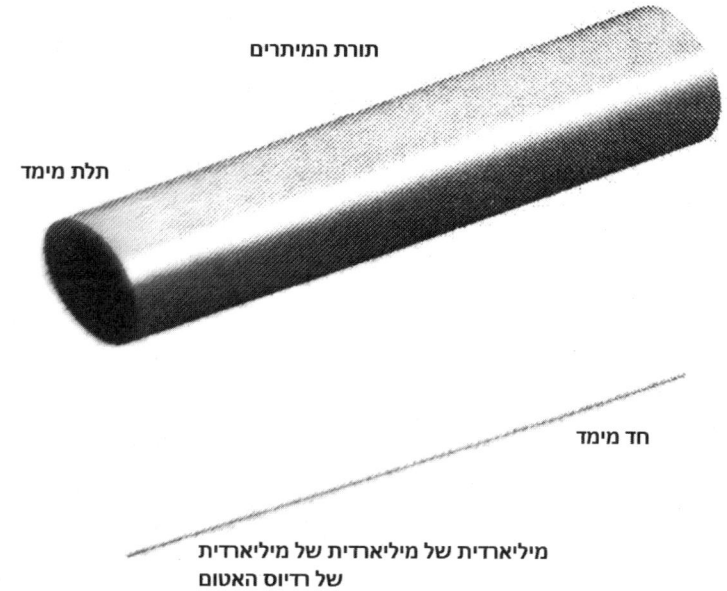

תורת המיתרים

תלת מימד

חד מימד

מיליארדית של מיליארדית של מיליארדית
של רדיוס האטום

לחוש בו. אך גם אם בלתי־אפשרי לחוש במישרין במימדים המצומצמים,
עדיין יש למימדים אלו השפעה של ממש, אם כי עקיפה, על היקום. בין
השאר, הם מאפשרים קיום של "גרביטציה קוונטית."

הקבלה, המדע, ובריאת העולם - סיכום

תורת המיתרים היא מסגרת מדעית חדשה לתאר את היקום. אחד מחיזוייה
החשובים ביותר של תורת המיתרים היא שהיקום בעל עשרה מימדים. מתוך
עשרת המימדים האלה, שלושה הם המימדים המוכרים לנו, בעוד ששבעת
מימדיה האחרים נהפכו ל"מצומצמים" במהלך בריאת העולם.

הקבלה מתארת את "העולם העליון," דהיינו, העולם האלוהי שיש בו
"עשר הספירות." מתוך עשר הספירות של "העולם העליון," שלוש נותרו
"שלמות," בעוד ששבע ספירות "נשברו" במהלך בריאת העולם. אנו מזהים
את היקום בעל עשרה מימדים של "העולם התחתון" שלנו כמקביל הפיזי של
עשר הספירות של "העולם העליון" של הקבלה. כמו כן, שבעת המימדים
"המצומצמים" של "העולם התחתון" הם המקבילה הפיזית לשבע הספירות
"השבורות" של "העולם העליון."

נמצא, איפוא, שהגילויים האחרונים של המדע מתאימים לא רק למעשה
הבריאה של ספר בראשית אלא גם למעשה הבריאה של הקבלה של האר"י.

4

דרכי ההתערבות של הקב"ה בעולמו

הצגת הבעיה

העקרון שהקב"ה מתערב בעולמו גם לאחר בריאת העולם, מופיע בספרות
תורנית לדורותיה: התלמוד (ברכות ה:א-ב), הרמב"ם (מורה הנבוכים ג:יז)
והתורה עצמה (הקטע השני של קריאת שמע ובפסוקים רבים נוספים). בוודאי,
הקב"ה לא השאיר את הזירה להתפתח בעצמה. נוסף על כך, אנו מצווים
להתפלל לקב"ה לבקש שהוא יספק לנו את צרכינו היומיומיים (מחיה, בריאות
וכו'). משמעות תפילותינו היא שהקב"ה הוא המקור לכל צרכינו ויש התערבות
של הקב"ה בנעשה בעולמו.

בד-בבד עם בריאת העולם, ייסד הקב"ה את חוקי הטבע. ראוי לציין שקיום
חוקי טבע בכלל אינו מובן מאליו. אלברט איינשטיין פעם כתב שהדבר הקשה
ביותר להבין לגבי היקום הוא שאפשר להבין את היקום.

גם חז"ל הדגישו שהעולם מתנהג על-פי חוקי טבע: **"עולם כמנהגו נוהג"**
(עבודה זרה נד:ב). אין הכוונה שמעולם לא התרחשו ניסים, כלומר, סטיות
מחוקי הטבע. עיקרון יסודי באמונתנו הוא שאכן התרחשו ניסים. הרמב"ם
כתב שמי שאינו מאמין בניסים הוא כופר (מורה הנבוכים ב:כה). אולם, הניסים
הגלויים של הקב"ה התרחשו לעיתים רחוקות בלבד.

נדון כאן **באיזה אופן מתערב הקב"ה בעולמו על בסיס יומיומי** על-מנת
לספק את צרכי האנושות. האם התערבות זו בעולמו (השגחה פרטית) דורשת
שינוי בחוקי הטבע על-מנת לענות לתפילותינו או להעניק שכר ועונש לפי
התנהגות האדם? האם אפשר להבין שהשגחה פרטית של הקב"ה דורשת
שהוא יפר את חוקי הטבע שהוא עצמו קבע? בעת תפילותינו, האם אנו מצפים
שהקב"ה ישנה את חוקי הטבע לטובתנו?

מטרתנו כאן להסביר על בסיס המדע את התערבות הקב"ה באירועים

יומיומיים **מבלי להפר את חוקי הטבע**. נדון בשתי תאוריות מרכזיות בפיזיקה של המאה העשרים: תורת הקוונטום ותורת הכאוס. תאוריות אלו סוללות את הדרך להבין את האופן שבו **הקב"ה מתערב בעולמו ויחד עם זאת מקיים את חוקי הטבע**.

פיזיקה קלאסית

את הדיון נפתח בפיזיקה קלאסית, דהיינו, מה שהיה ידוע בפיזיקה לפני המאה העשרים. ביקום ישנם גופים גדולים מאוד (כוכבי לכת וגלקסיות) ויש גם גופים זעירים מאוד (אטומים ומלקולות). אחד האתגרים העיקריים של הפיזיקה היה להסביר איך גופים נעים. הסברת תנועת כוכבי הלכת הייתה אחת הבעיות המרכזיות במהלך ימי הביניים. בסופו של דבר, בשנת 1609, מסלולי כוכבי הלכת תוארו על־ידי יוהנס קפלר. קפלר מצא שמסלול כל כוכב לכת הוא אליפסה סביב השמש הנמצאת באחד ממוקדי האליפסה. אולם, איש לא היה מסוגל להסביר **מדוע** זהו מסלולם של כוכבי הלכת. ההסבר ניתן על־ידי אייזק ניוטון, כאשר הוא קבע את חוק התנועה, $F = ma$. חוק זה, הידוע כמכניקה קלאסית, קובע שאם מפעילים כוח F על גוף בעל מסה m, אז הגוף ינוע בתאוצה a.

לפי מכניקה קלאסית, על־מנת לדעת איך גוף מסוים ינוע, צריכים לדעת את עוצמת הכוח שהופעל על הגוף. לגבי כוכבי הלכת, ניוטון פתר את הבעיה הזו בעזרת חוק הכבידה שלו. השילוב בין חוק התנועה שלו וחוק כוח הכבידה שלו הסביר את כל הפרטים של מסלולי כוכבי הלכת.

למרות שהושגה התקדמות חשובה, עדיין נותרו בעיות רבות, הכוללות הסברת כוחות חשמל ומגנטיות, ותופעות של אור, חום, וקול.

בין השנים 1862–1865, ג'יימס קלרק מקסוול הראה שחשמל ומגנטיות הם שני הבטים של אותו כוח, ואותו כוח מסביר גם את האור. מדענים גם גילו שחום וקול הם תוצאות של תנועה של מולקולות. אם המולקולות נעות יחד, התוצאה היא קול, ואם המולקולות אינן נעות יחד, התוצאה היא חום.

ההתקדמות בפיזיקה הייתה כה מהירה וכה מקיפה עד שבסוף המאה התשע עשרה, סברו הרבה פיזיקאים שכל החוקים הבסיסים בפיזיקה כבר ידועים. בהתאם לכך, בשנת 1900, פירסם לורד קלווין (וויליאם תומפסון), אחד הפיזיקאים הבולטים בבריטניה, את ההצהרה הבאה: "לא נשאר לנו שום דבר חדש לגלות בפיזיקה. כל מה שנשאר לנו לעשות הוא לבצע מדידות מדויקות יותר."

בהתחשב בההתקדמות העצומה שהושגה בפיזיקה עד סוף המאה התשע

עשרה, נראה היה שלורד קלווין צדק בהצהרתו שאין שום דבר בסיסי חדש לגלות בפיזיקה.

דטרמיניזם

אחד היסודות של פיזיקה קלאסית הוא שחוקי פיזיקה קובעים את העתיד של כל מערכת. רעיון זה מכונה **"דטרמיניזם,"** שפירושו **העתיד כבר נקבע בהווה.** במילים אחרות, אם ידוע בשלמות מהו המצב של מערכת מסויימת בהווה, אז חוקי הפיזיקה יקבעו את העתיד של אותה מערכת.

שאלות לגבי פיזיקה קלאסית

בתחילת המאה העשרים, התעוררו כמה שאלות רציניות לגבי פיזיקה קלאסית. לפעמים החישוב לפי פיזיקה קלאסית אפילו הוביל לתוצאה שהייתה בלתי־אפשרית. להלן שתי דוגמאות:

קרינה ממתכת חמה

חימום מתכת גורמת לקרינת אנרגיה מהמתכת, בצורת אור. וככל שהטמפרטורה עולה, כך עולה כמות האנרגיה שמוקרנת. אולם, לפי חישוב שמבוסס על חוקי פיזיקה קלאסית, **מתכת אמורה להקרין כמות אינסופית של אנרגיה בכל טמפרטורה שתהיה!** תשובה זאת היא בלתי־אפשרית. לכן, היה ברור למדענים שקיים פגם רציני ויסודי בחוקי פיזיקה קלאסית.

מבנה האטום

בתחילת המאה העשרים, מדידות קבעו את מבנה האטום. מתברר שלכל אטום יש גרעין קטן במרכזו הכולל חלקיקים בעלי מטען חיובי (פרוטונים) ומסביב מסתובבים חלקיקים בעלי מטען שלילי (אלקטרונים). כך, מבנה האטום דומה לזה של מערכת השמש, כאשר הגרעין משחק בתפקיד השמש והאלקטרונים משחקים בתפקיד כוכבי הלכת. כפי שכוח הכבידה מחזיק את כוכבי הלכת במסלול שלהם, כך הכוח החשמלי מחזיק את האלקטרונים במסלוליהם.

אך יש בעיה רצינית במודל זה של האטום. בניגוד לכוכבי הלכת שאינם בעלי מטען, האלקטרונים הנעים סביב הגרעין הם חלקיקים בעלי מטען. ולפי פיזיקה קלאסית, כאשר חלקיק בעל מטען נע במסלול עיגולי, הוא מקרין אנרגיה. לו האלקטרונים היו מקרינים אנרגיה, הם היו מתקרבים לגרעין, ובסוף הם נופלים לתוך הגרעין. כתוצאה מכך, האטום היה מתמוטט. למעשה,

לפי החישוב המבוסס על פיזיקה קלאסית, כל אטום היה אמור להתמוטט תוך מיליארדית שנייה! אולם, מלבד מספר קטן של אטומים רדיואקטיבים, האטומים הם יציבים לחלוטין ואינם מתמוטטים כלל. לכן, היה ברור למדענים שקיים פגם רציני ויסודי בחוקי פיזיקה קלאסית.

תורת הקוונטום: העתיד אינו נקבע בהווה

בכדי לפתור בעיות אלו ובעיות נוספות רבות, מדענים פיתחו תאוריה חדשה, המכונה **תורת הקוונטום**. הפיתוח השלם של תורת הקוונטום דרש עבודה רבה על־ידי הרבה מדענים במשך שלושים שנה, משנת 1900 עד שנת 1930. מדענים רבים זכו בפרס נובל כאשר גילו חלקים שונים של תאוריה מוזרה זו במשך עשרות שנים.

מהו טבעו של אור - גלים או חלקיקים?

במשך המאה התשע עשרה, ניסויים רבים קבעו שהאור הוא תופעה גלית, ובסוף המאה, לא היה ספק אצל אף מדען על קיום "גלי אור." אולם, בשנת 1900, מקס פלאנק ניסה לפתור את הבעיה לגבי קרינת אנרגיה של מתכת חמה, המוזכרת לעיל. פלאנק מצא שאם מקבלים את הרעיון הרדיקלי שאור הוא אלומת חלקיקים זעירים ואינו תופעה גלית, אז אפשר להסביר את קרינת האנרגיה של מתכת חמה. פלאנק כינה את חלקיקי אור "פוטונים" (מהמילה היוונית עבור "אור"). רעיון זה של פלאנק זיכה אותו בפרס נובל. היות והמילה "קוונטום" מצביעה על חלקיק זעיר, תאוריית פלאנק נקראת "תורת הקוונטום."

למרות שהרעיון של פלאנק, שאור הוא אלומת חלקיקים, הסביר קרינת מתכות חמות, הרעיון סתר הרבה ניסויים אחרים בפיזיקה שהראו שאור הוא תופעה גלית.

עוד תופעה בפיזיקה שהמדענים לא הצליחו להסביר היא האפקט הפוטואלקטרי (הפרטים של האפקט הזה אינם חשובים לדיון כאן). בשנת 1905, אלברט איינשטיין הראה שאפשר להסביר את האפקט הפוטואלקטרי במסגרת הרעיון של פלאנק שהאור הוא אלומת חלקיקים זעירים (פוטונים). עבור הסבר זה, גם איינשטיין זכה בפרס נובל.

לסיכום, מתברר שקיימים ניסויים רבים הקשורים לאור שאי־אפשר להסבירם אלא אם מניחים שהאור הוא סידרה של גלים. וקיימים ניסויים רבים אחרים הקשורים לאור שאי־אפשר להסבירם אלא אם מניחים שהאור אינו גלים אלא אלומת חלקיקים זעירים. התנהגות המוזרה הזו של האור נקראת "דואליות גל־חלקיק."

בשנות העשרים של המאה העשרים, מדענים גילו שגם אצל אלקטרונים קיימת ההתנהגות המוזרה של "דואליות גל-חלקיק." דהיינו, לפעמים אלקטרונים מתנהגים כמו חלקיקים, ולפעמים אלקטרונים מתנהגים כמו גלים.

תורת הקוונטום וההסתברות: העתיד אינו נקבע בהווה

כעת נתאר את התכונה המוזרה ביותר של תורת הקוונטום, תכונה השייכת ישירות לאופן אשר בו מתערב הקב"ה בעולמו.

בשונה לגמרי מפיזיקה קלאסית הדטרמיניסטית, תורת הקוונטום היא הסתברותית. זאת אומרת, שלפני שמבצעים מדידה, אי־אפשר לדעת מה תהיינה תוצאות המדידה. אפשר לדעת רק את ההסתברות לקבלת תוצאות מסויימות. במילים אחרות: **העתיד אינו נקבע בהווה**. עקרון זה הוא ההיפך הגמור מהדטרמיניזם של פיזיקה קלאסית.

לדוגמא, לפי תורת הקוונטום, תוצאות אפשריות של מדידה מסוימת יכולות להיות, למשל, **א׳** או **ב׳** או **ג׳**, אבל אין אפשרות לקבל **ד׳** או **ה׳**. חוקי תורת הקוונטום גם מראים את הסיכוי לקבל כל אחת מהאפשריות האלו. למשל, אולי יש 15% סיכוי לקבל תוצאה **א׳**, 45% סיכוי לקבל תוצאה **ב׳**, 40% סיכוי לקבל תוצאה **ג׳**, וכמובן 0% סיכוי לקבל תוצאה **ד׳** או **ה׳**. **אולם, החישוב אינו מגלה לנו איזו משלוש האפשרויות האלו (א׳ או ב׳ או ג׳) תתקבל בפועל כאשר מבצעים את המדידה, מכיוון שהעתיד אינו נקבע בהווה. אינפורמציה על העתיד פשוט אינה קיימת בהווה.** עיקרון זה מכונה **עקרון האי־וודאות** שעבורו זכה ורנר הייזנברג בפרס נובל. אין משמעות לשאלה: מה תהיה התוצאה של המדידה (**א׳** או **ב׳** או **ג׳**)? **לפני שמבצעים את המדידה, תוצאת המדידה נשארת בלתי־ידועה.**

בניגוד מוחלט למצב המתואר לעיל, לפי פיזיקה קלאסית, קיימת אפשרות אחת ויחידה בלבד עבור התוצאה של כל מדידה בגלל **שהעתיד כבר נקבע בהווה**. עבור המדידה המתוארת לעיל, לפי פיזיקה קלאסית, עוד לפני שמבצעים את המדידה, **כבר נקבע אם התוצאה תהיה א׳ או ב׳ או ג׳**.

רדיום כדוגמא של העיקרון של תורת הקוונטום: "העתיד אינו נקבע בהווה"

נתחיל עם קצת רקע. תריום (thorium) הוא יסוד כימי רדיואקטיבי, כלומר, כל אטום תריום דועך במהלך הזמן ליצור יסוד כימי אחר, שהוא רדיום (radium).

גם רדיום הוא יסוד כימי רדיואקטיבי, ולכן גם אטומי רדיום דועכים במהלך הזמן ליצור יסוד כימי אחר, שהוא ראדון (radon).

עכשיו מגיעים לעיקר. כמה זמן נדרש עד שידעך אטום רדיום ליצור אטום ראדון? התשובה היא שאיש אינו יודע! מדוע אין יודעים? כל הנדרש הוא לקחת כמה אטומי רדיום ולבדוק כמה זמן דרוש עד שהם דועכים. אולם, אם עושים זאת, מקבלים תוצאה מוזרה ביותר. זמן הדעיכה של כל אטום רדיום שונה מכל אטום רדיום אחר! אטום רדיום מסוים יכול לדעוך אחרי שעה, כאשר אטום רדיום אחר לא ידעך עד שחולפות אלף שנים. וזאת למרות העובדה שכל אטומי הרדיום זהים.

לפי פיזיקה קלאסית, תוצאה זו היא בלתי-אפשרית. היות וכל אטומי הרדיום זהים, לפי פיזיקה קלאסית, כל אטומי הרדיום היו דועכים בדיוק באותו זמן. אבל לפי תורת הקוונטום, למרות שכל אטומי רדיום הם זהים, הזמן הדרוש לדעיכה אינו זהה לכל אטום רדיום. **הסיבה היא שהעתיד (מתי ידעך אטום רדיום) אינו נקבע בהווה (עכשיו)**. זו התוצאה המפתיעה ביותר של תורת הקוונטום.

באילו מצבים תורת הקוונטום חשובה

הקורא אולי יתהה מדוע בעבר לא התגלתה תופעה דרמטית זו - **שהעתיד אינו נקבע בהווה**. למעשה, הניסיון היומיומי מלמד **בדיוק ההיפך**. לאורך כל חיינו, אנחנו עדים לכך שהעתיד **כן נקבע** בהווה. לדוגמא, אם כדורסלן זורק את הכדור בכיוון הסל (ההווה), הוא יכול להיות בטוח שבעוד כמה שניות (העתיד), הכדור ייכנס לסל והוא יזכה בשתי נקודות.

ההסבר הוא שתוצאות של תורת הקוונטום משמעותיות אך ורק כאשר מדובר בחלקיקים הזעירים ביותר, בקנה מידה של אטומים ומולקולות. אלא, כאשר עוסקים בחלקיקים מקרוסקופיים, כגון בכדורסל, הפער בין החיזוי של תורת הקוונטום לבין זה של פיזיקה קלאסית הוא קטן ביותר. לפי פיזיקה קלאסית, אם כדורסל נזרק בכיוון הסל, הסיכוי שהכדור ייכנס לסל הוא 100%. אך לפי תורת הקוונטום, הסיכוי שהכדור ייכנס לסל הוא % ...99.9999999, עם סיכוי קטן ביותר בלבד שהכדור יפספס את הסל. היות וההבדל בין שני חיזויים אלה הוא מזערי כל כך, כדורסלן אינו זקוק לשום ידע בתורת הקוונטום על-מנת להיות כוכב כדורסל.

בחיי היומיום, מודעים אנו לעיתים נדירות בלבד לקיומם של אטומים ומולקולות. לכן, אפשר לחשוב שאין לתורת הקוונטום השפעה ישירה עלינו. אך זה אינו המצב. כמו שנראה, השפעתה של תורת הקוונטום מכריעה ביותר בחיינו. מתוך כך, הגענו לנושא המדעי השני שנדון בו - תורת הכאוס.

תורת הכאוס

תורת הכאוס הינה ענף חדש של המדע שפותחה בשנת 1961 על־ידי אדוארד לורנץ. לפי כתב־העת Scientific American: "תורת הכאוס מהווה מהפכה שמשפיעה על ענפים רבים של המדע."

אין להבין את הכאוס כבלגן. לתורת הכאוס יש חוקים מוגדרים וברורים המובילים לתוצאות מעניינות ביותר. פרטי תורת הכאוס מסובכים מאוד, אבל קל להבין את הרעיון המרכזי. מערכת כאוטית היא מערכת שרגישה ביותר אפילו לשינויים זעירים ביותר בסביבה. ומתברר שקיימות מערכות חשובות רבות שהן כאוטיות, לדוגמא, מזג האוויר.

אפקט הפרפר

הרגישות של מזג האוויר לשינויים זעירים ביותר באטמוספירה מכונה "אפקט הפרפר" (במשמעות "השפעת הפרפר"). פירוש המונח הוא שאפילו פרפר אחד המנפנף בכנפיו בטוקיו מסוגל לגרום לשינוי משמעותי במזג האוויר בירושלים תוך שבועיים.

אין זאת אומרת שפרפרים מסוגלים להוביל למזג אוויר יוצא דופן, כגון ירידת שלג בתל אביב בקיץ, וזאת מפני שלעולם אין שלג בתל אביב בקיץ. אבל בחודש ינואר, ייתכן שמזג האוויר בתל אביב יהיה שמשי או יהיה גשום. דווקא אפקט הפרפר מסוגל להכריע על סוג התוצאה. למרבה ההפתעה, פרפר אחד קטן המנפנף בכנפיו בכל מקום בעולם יכול לקבוע איזה משני מצבים אלה יתרחש.

כמובן, אפקט הפרפר אינו מוגבל לפרפרים בלבד. משמעות האפקט היא שאפילו תנועת מספר קטן של מולקולות אוויר (בדומה למה שקורה כאשר פרפר מנפנף בכנפיו), יכול להשפיע באופן ניכר על מזג האוויר. וזה המצב לגבי מערכות רבות. זאת חשיבותה העצומה של השפעת הכאוס.

תורת הקוונטום, תורת הכאוס, והתערבות הקב"ה בעולמו

ראוי לסכם את תוצאות שתי התאוריות המדעיות הנזכרות לעיל.

- **תורת הכאוס קובעת שתנועתו של מספר קטן של מולקולות יכולה להשפיע באופן משמעותי על התנהגותה של מערכת כאוטית**, ומתברר שהרבה מערכות הן כאוטיות.

- **תורת הקוונטום קובעת שלא נקבע בהווה מה תהיה התנהגותן בעתיד של מערכות זעירות.** קיימות מספר התנהגויות שונות שאפשריות בעתיד עבור אותו הווה.

תורת הכאוס ותורת הקוונטום מהוות את היסוד הדרוש כדי להסביר איך הקב"ה מתערב בענייני האנושות מבלי להפר את חוקי הטבע.

דוגמאות

סופות הוריקן

סופות הוריקן מסוגלות לגרום להרס רב, או להתפוגג בתוך האוקיינוס מבלי לגרום לנזק כלל. ברוב המקרים, סופת הוריקן נוצרת מעל האוקיינוס ועוצמתה הולכת ועולה בהתקרבותה לחוף. אבל לעיתים קורה וההוריקן מתפוגג מעל האוקיינוס.

סופות הוריקן, בדומה לכל תופעות מזג האוויר, הן מערכות כאוטיות. לכן, מסלול ההוריקן מושפע על־ידי מספר קטן של מולקולות אוויר הנעות בכיוון מסוים בזמן מסוים - אפקט הפרפר. אך לפי תורת הקוונטום, לא נקבע בהווה הכיוון של אותן המולקולות. נזכיר שבהווה, ידע על העתיד אינו קיים. כתוצאה מכך, לא נקבע בהווה אם ההוריקן יוביל לאסון או שהוא יעבור מבלי לגרום להרס. שתי האפשרויות האלו קיימות בהווה באותה מידה במסגרת חוקי הטבע. לכן, לא נדרש שהקב"ה יפר חוקי הטבע על־מנת לענות לתפילותינו שההוריקן יעבור מבלי לגרום הרס.

מגיפת הקורונה

אם אדם החולה בקורונה משתעל כאשר הוא אינו עוטה מסיכה, הוא מפזר את וירוס הקורונה לאוויר בסביבתו. האם מולקולות האוויר יעבירו את הווירוס המסוכן למי שנמצא בקרבתו שאינו עוטה מסכה? התוצאה תלויה בפרטי פרטים של תנועת מולקולות האוויר בסביבתו. בהווה לא נקבע אם הווירוס ינוע לכיוון אדם אחר (בלי מסכה) ויגרום שגם האדם השני יידבק או שהווירוס לא יגיע לאף אדם אחר. לפי תורת הקוונטום, **שני מצבים אלה אפשריים באותה מידה במסגרת חוקי הטבע** כי העתיד (אם הווירוס יגיע לאדם האחר) אינו נקבע בהווה (כאשר האדם הראשון משתעל). לכן, לא נדרש שהקב"ה יפר חוקי הטבע לענות לתפילותינו לבריאות.

תאונות

במהלך החיים, אנחנו חשופים לתאונות מסוגים שונים. לפעמים כתוצאה מתאונה, אדם אחד נשאר עם נכות לצמיתות, כאשר אדם אחר מקבל מכה קלה בלבד ומחלים מהר. התוצאה תלויה בפרטי פרטים של התאונה. אבל לפי

תורת הקוונטום, פרטים אלו אינם נקבעים מראש (**העתיד אינו נקבע בהווה**). לכן, לא נדרשת מהקב"ה הפרת חוקי הטבע כדי לגרום לתוצאה הרצויה.

סיכום

אנו רואים, איפוא, שהשילוב בין תורת הקוונטום ותורת הכאוס סולל את הדרך להבין איך הקב"ה מתערב בעולמו מבלי להפר את **חוקי הטבע.**

- לפי תורת הכאוס, **אפילו שינוי מזערי ביותר בסביבה יכול לגרום לשינוי משמעותי ביותר בהתנהגותה של מערכת כאוטית.** והמדענים גילו שיש מספר רב של **מערכות כאוטיות.**

- לפי תורת הקוונטום, **לא נקבע מראש מה תהיה ההתנהגות העתידית של מערכת בגלל שהעתיד אינו נקבע בהווה.** יש אפשרויות שונות של התנהגות עתידית של כל המערכת **במסגרת חוקי הטבע.**

שתי התאוריות האלו של המדע המודרני מראות איך הקב"ה יכול להתערב בעולמו מבלי להפר את חוקי הטבע.

מה גדלו מעשיך, ה', מאוד עמקו מחשבותיך.

על פסוקי התורה

5

"מה גדלו מעשיך, ה',
מאוד עמקו מחשבותיך"
היקום המופלא

בקריאת שמע, אנו מצווים באהבת הקב"ה: "ואהבת את ה' אלהיך בכל
לבבך ובכל נפשך ובכל מאודך." הרמב"ם מסביר כיצד לפתח את אהבת
הקב"ה (משנה תורה, הלכות יסודי התורה ב:ב):

"והיאך היא הדרך לאהבתו [הקב"ה]?...בשעה שיתבונן האדם במעשיו
ובברואיו הנפלאים הגדולים, ויראה מהם חכמתו שאין לה קץ, מיד הוא
אוהב ומשבח ומפאר ומתאווה תאווה גדולה לידע את השם הגדול."

נדון כאן בתיאור היסטורי של הבנותינו המתפתחות של מבנה היקום,
שמראות שהיקום הינו מופלא ביותר. אנחנו נראה שבכל גילוי מדעי חדש,
התגלתה שכבה נוספת של התפעלות מן היקום. תגליות אלו עשויות להוביל
את האדם לאהבת הקב"ה בקלות רבה.

חלקיקים

ביקום יש שני מרכיבים: חומר ואנרגיה. נדון כאן בחומר. אבני הבניין של
חומר הן חלקיקים. עד המאה השמונה עשרה, מדענים גילו שאלפי הסוגים
השונים של חומר כולם מורכבים מצירופים שונים של מספר קטן של חלקיקים
בסיסיים, שלהם קראו המדענים "אטומים."
אותו אטום יכול להופיע בחומרים שונים ובצורות שונות. למשל, אטום

35

חמצן הינו מרכיב גם של האטמוספרה (גז), גם של מים (נוזל), וגם של סלעים (מוצק). אף-על-פי ששלושת החומרים האלה (אטמוספרה, מים וסלעים) הם חומרים שונים לחלוטין, כולם מכילים את אותם אטומים של חמצן.

במשך השנים, כמעט מאה סוגים שונים של אטומים התגלו – הלוא הם האטומים של הטבלה המחזורית. גילוי של האטומים השונים נחשב כהתקדמות חשובה בהבנתנו את הטבע, כי גילוי זה מקטין את אלפי הסוגים השונים של חומר למאה אטומים שונים בלבד.

בעבר סברו כי האטום הוא חלקיק בסיסי שבלתי-ניתן לפירוק לחלקיקים קטנים יותר. עצם המילה "אטום" מעיד על כך. משמעות האות הראשונה ("א") היא "לא", כמו "א-פוליטי" (לא פוליטי) או "א-סימטרי" (לא סימטרי). משמעותה של יתר המילה ("טום") היא "לפרק". לכן, המשמעות המילולית של "אטום" היא "בלתי-ניתן לפירוק," דהיינו, אי-אפשר לפרק את האטום לחלקיקים קטנים יותר.

בסוף המאה התשע עשרה, גילו המדענים שכן אפשר לפרק את האטום לחלקיקים קטנים יותר. המודל המודרני של האטום דומה למערכת שמש קטנה. במרכז מערכת השמש נמצאת השמש ומסביבה סובבים כוכבי הלכת. מבנה האטום דומה למבנה זה. "השמש" שבמרכז האטום נקראת הגרעין, שמכיל שני סוגי חלקיקים (פרוטונים ונויטרונים). מסביב לגרעין, בתפקיד "כוכבי הלכת," סובבים מספר חלקיקים הנקראים אלקטרונים. לפיכך, באטום קיימים **שלושה סוגים של חלקיקים** שהם, בגרעין: **פרוטונים ונויטרונים**, ומסביב לגרעין: **אלקטרונים**. לפרוטון יש מטען חשמלי חיובי, לאלקטרון יש מטען חשמלי שלילי, ולנויטרון אין מטען חשמלי כלל.

סוגי אטומים שונים זה מזה לפי מספר הפרוטונים שבגרעין. באטום מימן יש פרוטון אחד בגרעין, באטום הליום שני פרוטונים בגרעין, באטום ליתיום שלושה פרוטונים בגרעין, וכך ממשיכה הטבלה המחזורית עד שבאטום אורניום נמצאים 92 פרוטונים בגרעין.

כך, היקום של תחילת המאה העשרים נראה מאוד פשוט, ולא מופלא בכלל. כל הסוגים השונים של חומר מורכבים משלושה סוגים של חלקיקים בלבד: פרוטונים, נויטרונים, ואלקטרונים. אולם, התמונה הפשטנית הזו של היקום לא החזיקה מעמד הרבה זמן. התברר שהיקום אכן מופלא. אבל לפני שנתאר את הידע המתפתח לגבי חלקיקי היקום, נדון בכוחות הפועלים בין החלקיקים.

כוחות

קיים מספר מוגבל בלבד של כוחות בטבע. כוחות אלה פועלים בין החלקיקים. יש שני כוחות שמוכרים בחיינו היומיומיים והם **כוח הכבידה וכוח האלקטרומגנטי**. פעם חשבו המדענים שהכוח החשמלי והכוח המגנטי הם שני כוחות נפרדים. אולם, במאה התשע עשרה, המדענים גילו שהם שני היבטים שונים של אותו כוח - הרי הוא הכוח האלקטרומגנטי.

ביקום קיים גם כוח שלישי. קל להראות שחייב לפעול בתוך גרעין האטום כוח נוסף. הגרעין מכיל מספר פרוטונים הקשורים זה לזה באופן חזק מאוד. אולם, לכל פרוטון יש מטען חשמלי חיובי, ומטענים חיוביים דוחים זה את זה בגלל הכוח האלקטרומגנטי ביניהם. מדוע כוח זה אינו מפרק את גרעין האטום לחלקיקיו? לכן, חייב להיות כוח נוסף הפועל בתוך גרעין האטום הגורם לפרוטונים ולנויטרונים להתחבר חזק זה לזה - הכוח הזה מכונה הכוח הגרעיני החזק. הכוח הגרעיני החזק שמחבר בין הפרוטונים הוא הרבה יותר חזק מהכוח האלקטרומגנטי שנוטה לפרק את גרעין האטום. לכן, גרעין האטום הוא יציב מאוד.

עד כה דנו בשלושה כוחות שונים: **הכוח הכבידה, הכוח האלקטרומגנטי, והכוח הגרעיני החזק**. אולם, בתחילת המאה העשרים, התברר כי התמונה הפשוטה הזו אינה מושלמת. ההיסטוריה מראה שכל פעם שמדענים סוברים שהם מבינים את הכול אודות היקום, הם מגלים שהיקום מופלא יותר ממה שחשבו.

רדיואקטיביות

בסוף המאה התשע עשרה, התגלתה תופעת טבע חדשה, הנקראת "רדיואקטיביות." מתברר שקיימים אטומים מסוימים שאינם יציבים, והגרעין שלהם פולט פרוטונים ונויטרונים באופן ספונטני. אטומים אלה מכונים "רדיואקטיביים." רדיום ואורניום הם שתי דוגמאות של יסודות כימיים רדיואקטיביים.

במהלך המחקר לגבי תופעת הרדיואקטיביות, התברר שקיים גם כוח רביעי בטבע, המכונה הכוח הגרעיני החלש, וגם חלקיק רביעי בטבע, המכונה נויטרינו.

כך מתברר שהיקום מורכב יותר ממה שחשבו. קיימים **ארבעה** חלקיקים שונים (**פרוטון, אלקטרון, נויטרון, נויטרינו**) **וארבעה** כוחות שונים (**כוח הכבידה, כוח האלקטרומגנטי, כוח הגרעיני החזק, כוח הגרעיני החלש**). אולם, זה אינו סוף הסיפור. הפתעות נוספות חיכו לנו.

קווארקים (QUARKS)

באמצע המאה העשרים, מדענים גילו שלא הפרוטון ולא הנויטרון הם החלקיקים הבסיסיים, כפי שחשבו קודם. אלא, שכל אחד מהם מורכב מחלקיקים זעירים עוד יותר, המכונים **קווארקים**. קיימים **שני סוגים** של קווארקים. סוג אחד מהם נקרא קווארק "up" והסוג השני נקרא קווארק "down". גם הפרוטון וגם הנויטרון מורכב משלושה קווארקים. הפרוטון מורכב משני קווארקים מסוג up וקווארק אחד מסוג down, כאשר הנויטרון מורכב מקווארק אחד מסוג up ושני קווארקים מסוג down.

גילוי הקווארקים לא שינה את מספר החלקיקים. בעבר מדענים חשבו שיש שני חלקיקים -פרוטון ונויטרון. וגם עכשיו מדענים חושבים שיש שני חלקיקים - קווארק up וקווארק down.

לסיכום, באמצע המאה העשרים, חשבו המדענים שקיימים ביקום ארבעה סוגים שונים של חלקיקים (**קווארק up, קווארק down, אלקטרון ונויטרינו**) וארבעה כוחות שונים (**כוח הכבידה, כוח האלקטרומגנטי, כוח הגרעיני החזק וכוח הגרעיני החלש**). במסגרת מודל זה של ארבעה סוגי חלקיקים וארבעה כוחות, אפשר להסביר את כל תופעת הטבע הידועות. לכן, המדענים חשבו שהם מבינים את הכול לגבי חלקיקי היקום. אולם, מהר מאוד, המדענים גילו הפתעות נוספות של היקום.

הפתעה!

בדיוק כאשר חשו המדענים כי הבינו את הכול אודות היקום, נתגלה חלקיק נוסף! לשמע הבשורה, שאל חתן פרס נובל איזידור אייזק רבי את שאלתו המפורסמת: "מי הזמין את זה?" במילים אחרות, מדוע נזקק היקום לחלקיק חמישי? אפשר להבין את הכול במסגרת ארבעה סוגי החלקיקים בלבד.

החלקיק החמישי שנתגלה הוא זהה לחלוטין לאלקטרון, מלבד אפיון אחד. הוא כבד בערך פי 200 מהאלקטרון. למעשה הוא אלקטרון כבד.

בשנים שלאחר מכן, התרחשו פלאים נוספים! המדענים גילו גם **נויטרינו כבד, קווארק up כבד, וקווארק down כבד**. כך שהגיע מספר החלקיקים השונים **לשמונה**.

ולמרבה הפלא, בסוף המאה העשרים, המדענים גילו **אלקטרון כבד עוד יותר, נויטרינו כבד עוד יותר, קווארק up כבד עוד יותר, וקווארק down כבד עוד יותר**. כך שהגיע מספר החלקיקים השונים **לשנים עשר**.

לסיכום, נראה בשלב זה כי ביקום קיימים שנים עשר סוגים שונים של

חלקיקים: שלושה סוגים שונים של אלקטרון, שלושה סוגים שונים של נויטרינו, שלושה סוגים שונים של קווארק up ושלושה סוגים שונים של קווארק down. בין שנים עשר החלקיקים השונים הללו פועלים ארבעה כוחות שונים: כוח הכבידה, כוח האלקטרומגנטי, כוח הגרעיני החלש וכוח הגרעיני החזק. תמונה זו של היקום (שנים עשר חלקיקים וארבעה כוחות) נראית, סוף כל סוף, כמושלמת.

אולם, פלאי היקום לא הסתיימו.

תאוריית האיחוד הגדול
(GRAND UNIFICATION THEORY)

מאז ומתמיד שאפו המדענים לפשט את תיאור הטבע באמצעות שילובם של הכוחות השונים. המטרה הייתה להראות כי כל הכוחות הם בעצם היבטים שונים של כוח אחד ויחיד. בשנת 1862, גילה ג'יימס קלרק מקסוול כי כוח החשמלי וכוח המגנטי הם בעצם שני היבטים של אותו כוח - הרי הוא הכוח האלקטרומגנטי. כמו כן, הראה מקסוול כי תופעת האור היא היבט נוסף של אותו כוח, מאחר שגלי האור הם בעצם "גלים אלקטרומגנטיים." זאת אומרת, חשמל, מגנטיות ואור אינם **שלוש** תופעות טבע שונות, אלא תופעת טבע **אחת בלבד** עם היבטים שונים. גילוי זה מהווה פישוט חשוב של הטבע.

בשנים האחרונות, המשיכו המדענים בתוכנית של שילוב הכוחות, והם הצליחו לשלב שלושה מתוך ארבעת הכוחות בטבע לכוח אחד בסיסי. התאוריה החדשה הזו משלבת את (1) הכוח הגרעיני החלש, (2) הכוח האלקטרומגנטי ו-(3) הכוח הגרעיני החזק לכוח אחד בלבד, הקרויה "תאוריית האיחוד הגדול." פיתוח תאוריית האיחוד הגדול היה התקדמות חשובה מאוד בהבנת היקום.

חלקיקים נוספים

חלקיק היגס (HIGGS PARTICLE)
וחלקיקים של חומר אפל (DARK MATTER)

לפי תאוריית האיחוד הגדול, חייב להתקיים ביקום חלקיק נוסף עם תכונות שונות מיתר החלקיקים. חלקיק זה מכונה **חלקיק היגס**, על שם הפיזיקאי הסקוטי פיטר היגס שחזה את קיומו. אולם, עד סוף המאה העשרים, המדענים לא הצליחו לגלות את חלקיק היגס. גילוי חלקיק היגס יהווה אישור חשוב מאוד של תאוריית האיחוד הגדול, שהיא התאוריה המודרנית של הכוחות ביקום.

לאחרונה, צצה תעלומה חדשה. המדענים גילו שבנוסף לחלקיק היגס, חייב להתקיים ביקום סוג נוסף של חלקיקים. גילוי זה קשור במה שמכונה "חומר אפל" (dark matter), שעכשיו נסביר.

היקום מורכב מגלקסיות, שהן אוספים גדולים של כוכבים. כוח הכבידה בין הכוכבים גורם לגלקסיות להסתובב. קצב ההסתובבות תלוי במספר הכוכבים הנמצא בגלקסיה. אולם, לאחרונה, מדידות מדויקות הראו כי הסתובבות הגלקסיות היא מהירה מהצפוי באופן משמעותי.

ההסתובבות המהירה מצביעה על־כך שקיים בגלקסיה חומר נוסף על מה שחשבו. במילים אחרות, בנוסף לכוכבים, חייב להיות בכל גלקסיה חומר אחר שבלתי־נראה לאסטרונומים. התברר כי חלקיקי החומר הנוסף הם סוג שונה מהחלקיקים הידועים. החומר הנוסף הזה מכונה "**חומר אפל**." המילה "אפל" מציינת שתי תכונות: הן את טבעם הבלתי־ידוע של חלקיקים אלה, הלוט "באפלה," והן את העובדה שחלקיקים אלה אינם "זורחים" כמו החלקיקים הנמצאים בכוכבים. הם חשוכים - "אפלים" - ובלתי־נצפים באמצעות הטלסקופ.

ההיבט המדהים ביותר של החומר האפל הוא כמותו הרבה. מדידות של קצב הסתובבות הגלקסיות מראות שהחומר האפל מהווה **כמעט 80% מכל החומר הקיים ביקום!** לפיכך, מתברר שבמשך מאות שנים, המדענים חקרו מרכיב קטן בלבד של היקום. כלל לא היו מודעים לקיומו של המרכיב העיקרי של היקום - הרי הוא החומר האפל. אין סוף לפלאי היקום!

לסיכום, קיימים שני סוגים שונים של חלקיקים שטרם נתגלו: חלקיקי היגס והחלקיקים של החומר האפל. מדענים התחילו לחפש את החלקיקים האלה באמצעות מכשיר מדעי מיוחד המסוגל ליצור חלקיקים.

ייצור חלקיקים

אפשר ליצור חלקיקים באמצעות מכשיר הנקרא מאיץ. על־מנת ליצור חלקיק היגס ואת החלקיקים של חומר אפל, בנו מדענים מאיץ גדול מאוד בז'נבה (באנגלית: The Large Hadron Collider). התקוה הייתה שעל־ידי המאיץ הגדול הזה בז'נבה, שבנייתו הסתיימה בשנת 2012, יתגלו חלקיקי היגס והחלקיקים של חומר אפל. ואכן, בקיץ 2012, המדענים הכריזו שיש להם ראיות מוצקות לקיום חלקיקי היגס, דבר שאישר את תאוריית האיחוד הגדול. הגילוי המדעי החשוב הזה קיבל פרסום בינלאומי רב וגם זכה לפרס נובל.

המאיץ ליצירת חלקיקים פועל בדרך הבאה. כאשר חלקיק בעל מטען חשמלי, כמו הפרוטון, נמצא בתוך שדה חשמלי, הפרוטון מואץ. באמצעות

מגנטים, אפשר לגרום לכך שהפרוטון יוגבל לתנועה מעגלית. אז, בכל פעם שמסלולו המעגלי יחזיר אותו לשדה החשמלי, הפרוטון יקבל "דחיפה" נוספת וינוע במהירות גבוהה יותר.

המאיץ פועל בדומה לאדם הדוחף נדנדה. הנדנדה נדחפת קדימה על־ידי הדוחף כל פעם שהיא נעה בחזרה אליו. אלא, בניגוד לפרוטון במאיץ, הנדנדה אינה נעה מהר יותר מדחיפה לדחיפה בגלל השפעת החיכוך שמאיט אותה. אבל במאיץ, הפרוטון נע בואקום, שבו אין חיכוך. לכן, בכל "דחיפה" של השדה החשמלי, הפרוטון ינוע עוד יותר מהר. פרוטונים רבים המואצים יחדיו יוצרים "אלומה" של פרוטונים הנעה במהירות גבוהה מאוד.

לחלקיק הנע יש אנרגיה קינטית - אנרגיה של תנועה. היות ויש לאלומת הפרוטונים המואצים מהירות עצומה, יש לה כמות רבה של אנרגיה קינטית. במאיץ, נוצרות שתי אלומות פרוטונים הנעות בכיוונים מנוגדים, ושתי האלומות האלו מכוונות להתנגש זו בזו בצורה חזיתית.

כאשר שתי מכוניות מתנגשות זו בזו בצורה חזיתית, הן נעצרות, ובכך מאבדות את כל האנרגיה הקינטית שלהן. האנרגיה "האבודה" הזו גורמת למכוניות להתרסק. גם במאיץ, כאשר שתי האלומות פרוטונים מתנגשות זו בזו בצורה חזיתית, הפרוטונים נעצרים. אך בניגוד למכוניות, האנרגיה הקינטית "האבודה" מאלומות הפרוטונים יוצרת חלקיקים חדשים.

יצירת חלקיקים חדשים מן האנרגיה הקינטית "האבודה" מתוארת על־ידי המשוואה המפורסמת של איינשטיין: $E = mc^2$, כאשר האות E מסמלת אנרגיה, האות m מסמלת מסה של החלקיק, והאות c מסמלת את מהירות האור. במשוואתו זו, קבע איינשטיין כי אפשר להמיר מסה (m) לאנרגיה (E). משוואה זו היא הבסיס לאנרגיה גרעינית, לפצצות גרעיניות ולכור גרעיני להפקת חשמל.

משוואת איינשטיין פועלת בשני הכיוונים. לא זו בלבד שאפשר להמיר מסה לאנרגיה, אלא גם אפשר להמיר אנרגיה למסה. כך פועל המאיץ. הוא ממיר את האנרגיה הקינטית העצומה "האבודה" שיש באלומות הפרוטונים למסה בצורת חלקיקים חדשים.

ככל שהאנרגיה הקינטית "האבודה" של הפרוטונים תהיה גדולה יותר, כך המסה של החלקיק שייווצר תהיה גדולה יותר. במונחים של משוואת איינשטיין, יותר E תניב יותר m. לכן, על־מנת ליצור חלקיק כבד מאוד (מעל פי מאה של המסה של הפרוטון), יש צורך בכמות אדירה של אנרגיה קינטית. על־מנת ליצור אלומת פרוטונים בעלת אנרגיה קינטית גבוהה ביותר, המאיץ חייב לייצר שדות חשמליים חזקים מאוד המסודרים זה לצד זה באופן מדויק. זוהי הסיבה שהמאיץ הגדול בז'נבה מסובך כל־כך.

המאיץ בז'נבה הוא מערכת גדולה מאוד, בצורת **צינור ענקי חלול בעל קוטר 20 מטר** הנמצא מתחת לקרקע של העיר ז'נבה. "הצינור" של המאיץ ("המנהרה") נבנה בצורה עיגולית **ואורכו 27 קילומטר**. "הצינור" הארוך של המאיץ מלא וגדוש במכשירים מדעיים מיוחדים ויקרים. המאיץ הגדול בז'נבה הוא המערכת המדעית היקרה ביותר שנבנתה אי־פעם.

לפי תאוריית האיחוד הגדול, חלקיק היגס הוא כה כבד שלא היה אפשרי ליצור אותו באמצעות מאיצים קיימים. לפיכך, ברור היה למדענים מדוע חלקיק היגס טרם התגלה קודם. אבל המאיץ הגדול בז'נבה הוא בעל עוצמה רבה כל־כך שאפשרי ליצור חלקיקי היגס. זאת הייתה אחת המשימות העיקריות של המאיץ הגדול בז'נבה. ואכן, בשנת 2012, המדענים בז'נבה הכריזו שיש להם ראיות מוצקות לקיום חלקיקי היגס.

החלקיקים של חומר אפל גם הם חייבים להיות כבדים. התקוה היא שהמאיץ רב־העוצמה בז'נבה יצליח ליצור חלקיקים אלה, ועל־ידי־כך לשפוך אור על טבעו של החומר האפל. אולם, בזמן כתיבת שורות אלו, טרם התגלו החלקיקים של חומר אפל.

תורת כוח הכבידה הקוונטית

תורת הקוונטום היא המסגרת המדעית המודרנית להבנת היקום. לכן, **חובה** על כל תאוריה בפיזיקה להתאים לתורת הקוונטום. תאוריית האיחוד הגדול אכן עולה בקנה אחד עם תורת הקוונטום, אך **תורת כוח הכבידה אינה מתאימה לתורת הקוונטום**. לכן, לא ייתכן שתורת כוח הכבידה הידועה מאז היא תאוריה נכונה. מזה זמן רב התאמצו המדענים, ללא הצלחה, לפתח תאוריה חדשה של כוח הכבידה שכן תתאים לתורת הקוונטום. תיאום זה מכונה **תורת הכבידה הקוונטית**.

לקראת סוף המאה העשרים, הושגה פריצת דרך בנושא. מתברר שאפשר לפתח תורת כוח הכבידה הקוונטית (תורת כוח הכבידה שמתאימה לתורת הקוונטום) באמצעות תפיסה חדשה של הטבע, המכונה "תורת המיתרים."

תורת המיתרים (STRING THEORY)

הרעיון המרכזי בתורת המיתרים הוא מפליא. לפי תורת המיתרים, הישויות הבסיסיות בטבע **אינן חלקיקים זעירים** (כגון אלקטרון, קווארק וכו'), כפי שחשבו קודם. אלא, הישויות הבסיסיות בטבע הן **מיתרים זעירים ביותר**. מיתרים זעירים אלה רוטטים, ורטט המיתרים מתבטא באנרגיה. ולפי משוואת

איינשטיין, $E = mc^2$, **אנרגית רטט המיתרים הזעירים נראית לנו כחלקיקים זעירים של חומר**, למרות שלמעשה אין זה כך.

שימו לב למה שקרה. כל התפיסה לגבי חומר השתנתה לחלוטין! בעבר חשבו המדענים שכל חומר מורכב מחלקיקים זעירים. אבל לפי תורת המיתרים, ביקום קיימים רק מיתרים זעירים שרוטטים וכלל לא קיימים חלקיקים.

ולפי תורת המיתרים, היקום פלאי עוד יותר. הפלא הזה קשור למימדים ביקום. כולנו מכירים את שלושת המימדים של היקום: ימינה־שמאלה, קדימה־אחורה, מעלה־מטה. אבל לפי תורת המיתרים, קיימים **עשרה מימדים ביקום!** בנוסף לשלושת המימדים הרגילים, קיימים עוד שבעה מימדים. אולם, שבעת המימדים הנוספים הם כה קצרים, שאין אפשרות למדוד אותם או להרגיש אותם. אם כן, מדוע טוענים המדענים ששבעת המימדים האלה אכן קיימים? הסיבה לכך היא שתורת הכבידה הקוונטית **מחייבת את קיומם**. (לא נדון כאן על המימדים האלה של תורת המיתרים.)

הסטטוס המדעי של תורת המיתרים אינו ברור לגמרי. יש מדענים המטילים ספק בנכונותה של התאוריה הזו. אולם, משנה לשנה, גדל מספר המדענים התומכים בגירסה המתקדמת של תורת המיתרים (המכונה *M*-theory).

לפי תורת המיתרים, חייבים להתקיים מיתרים־חלקיקים **מסוג שונה לגמרי** מכל סוג אחר מאלה הידועים לנו. אולם, עד עכשיו, לא התגלה כל סימן של המיתרים־חלקיקים המיוחדים האלה. לכן, אם המאיץ רב־העוצמה בז'נבה יצליח ליצור את המיתרים־חלקיקים האלה, גילוי זה יהווה הוכחה חשובה מאוד לנכונותה של תורת המיתרים.

עולמו של הקב"ה

לאחרונה, מדענים חשובים רבים הדגישו שהיקום פלאי ביותר. לדוגמא, בריאן גרין, מאוניברסיטת קולומביה, חיבר ספר המיועד לקהל הרחב, בשם **היקום האלגנטי** (*The Elegant Universe*). על פני 450 עמודים, הספר מציג לקורא את הנפלאות הרבות של הטבע שהתגלו בזמן האחרון. הספר נהפך לרב־מכר. כמובן, ספר זה מתאים לחלוטין למסורת התורנית.

היקום הנפלא משתרע מאינספור גלקסיות גדולות שבחלל ועד לממלכתם המיקרוסקופית של חלקיקים־מיתרים זעירים ביותר. תפארתו של הקב"ה נראית בכל מקום ביקום. כפי שכתוב ברמב"ם, שמצוטט בראש הפרק, התבוננות בפלאי הטבע גורמת לתובנות על חכמתו האינסופית של הקב"ה, ומאפשרת לאדם לפתח את יראתו ואהבתו כלפי אדון היקום. וככל שאנו ממשיכים ללמוד על נפלאות היקום, כך יראתנו ואהבתנו כלפי הקב"ה גוברות ועולות.

הרמב"ם אינו הדמות התורנית היחידה שהדגיש שההתבוננות בנפלאות העולם היא דרך להכיר את הקב"ה. תיאור פלאות היקום נמצא לאורך כל הספרות התורנית. להלן כמה דוגמאות:

- בספר נחמיה כתוב (ט:ו): "**אתה הוא ה' לבדך, אתה עשית את השמים, שמי השמים וכל צבאם, הארץ וכל אשר עליה, הימים וכל אשר בהם.**" היכרות העולם הנפלא מובילה את האדם להכרת הקב"ה.

- לפני אמירת "קריאת שמע" בתפילת שחרית, אנחנו משבחים את הקב"ה במילים הבאות: "**יוצר אור ובורא חושך... מחדש בכל יום תמיד מעשה בראשית... מה רבו מעשיך, ה', כולם בחכמה עשית.**" שבחו של הקב"ה מודגש בהיכרות עם העולם הנפלא שהוא ברא.

- בשבת אנו מציינים בקידוש את סיבת מחוייבותינו בשמירת שבת בציטוט מעשרת הדברות, שבו כתוב שמצוות שמירת השבת היא בגלל מעשה בראשית (שמות כ:יא): "**כי ששת ימים עשה ה' את השמים ואת הארץ, את הים ואת כל אשר בם.**" פעם בשבוע, כל יהודי מצווה להפסיק את עיסוקיו היומיומיים ולהתבונן בעולם הנפלא שברא הקב"ה.

- בספר תהלים כתוב (יט:ב־ה): "**השמים מספרים כבוד אל, ומעשה ידיו מגיד הרקיע. יום ליום יביע אומר ולילה ללילה יחווה דעת. אין אומר ואין דברים, בלי נשמע קולם. בכל הארץ יצא קוום ובקצה תבל מליהם.**" אין צורך במילים להסביר את גדלותו של הקב"ה. הנפלאות בטבע מדברות בעד עצמן.

- בספר תהלים כתוב (לג:ו־ח): "**בדבר ה' שמים נעשו וברוח פיו כל צבאם. כונס כנד מי הים, נותן באוצרות תהומות.**"

- בספר תהלים כתוב (צה:א־ה): "**בזמירות נריע לו, כי אל גדול ה'...אשר בידו מחקרי ארץ ותועפות הרים לו, אשר לו הים והוא עשהו, ויבשת ידיו יצרו.**"

- בספר תהלים כתוב (פרק קלו): "**עשה נפלאות גדולות לבדו...עושה השמים בתבונה...רוקע הארץ על המים...עושה אורים גדולים...את השמש לממשלת ביום...את הירח וכוכבים לממשלות בלילה.**"

- בספר ישעיהו כתוב (מ:כא־כב, כו): "**הלוא תדעו, הלוא תשמעו...היושב על חוג הארץ...הנוטה כדק שמים וימתחם כאוהל לשבת...שאו מרום**

עיניכם וראו, מי ברא אלה, המוציא במספר צבאם, לכולם בשם יקרא, מרוב אונים ואמיץ כוח."

מה גדלו מעשיך, ה', מאוד עמקו מחשבותיך (תהלים צב:ו).

6

"אלה תולדות השמים והארץ בהיבראם"
התיאור השני של בריאת העולם

התורה פותחת בתיאור בריאת העולם על־ידי הקב"ה. האמונה שהקב"ה ברא את העולם היא יסוד עיקרי, כמודגש ברמב"ן: **"היא שורש האמונה, ושאינו מאמין בזה הוא כופר בעיקר ואין לו תורה כלל"** (פירוש על התורה, בראשית א:א).

תיאור בריאת העולם והתפתחותו משתרע על שלושים ואחד פסוקים בפרק הראשון בספר בראשית, החל מבריאת היקום (**"בראשית ברא אלהים את השמים ואת הארץ"**) וכלה בבריאת האדם (**"ויברא אלהים את האדם בצלמו"**). אולם, בפרק שני, **שוב מופיע תיאור בריאת העולם** (ב:ד־ז):

> פסוק ד': **"אלה תולדות השמים והארץ בהבראם ביום עשות ה' אלהים ארץ ושמים."**
>
> פסוק ה': **"וכל שיח השדה טרם יהיה בארץ וכל עשב השדה טרם יצמח כי לא המטיר ה' אלהים על הארץ ואדם אין לעבד את האדמה."**
>
> פסוק ו': **"ואד יעלה מן הארץ והשקה את כל פני האדמה."**
>
> פסוק ז': **"וייצר ה' אלהים את האדם עפר מן האדמה ויפח באפיו נשמת חיים ויהי האדם לנפש חיה."**

הסברים שונים הוצעו במשך הדורות בדבר הצורך בשני תיאורים של בריאת העולם וההבדלים שביניהם. נציג כאן גישה אחרת - גישה העונה על השאלות הבאות:

- מה מוסיף התיאור השני של הבריאה על התיאור הראשון של הבריאה?
- מדוע מופיעים כינויים שונים עבור הקב"ה בשני תיאורי הבריאה? בפרק הראשון הקב"ה מכונה "**אלהים**" ("**ויברא אלהים**"), אבל בפרק השני כתוב "**י־ה־ו־ה (ה') אלהים**" ("**וייצר ה' אלהים**").

נקודה חשובה נוספת היא שתיאור הבריאה בפרק השני הוא קצר מאוד, ומסתכם בארבעה פסוקים בלבד (ב:ד-ז). פסוק ב:ד מהווה הקדמה לתיאור הבריאה. בשלושת הפסוקים הבאים, אין זכר לאור או לבעלי חיים או לאוקיינוסים או ליבשות או לגרמי השמים.

בפסוק ב:ה כתוב על **היעדר** צמחייה. ההסבר המובא הוא שהקב"ה עדיין לא השקה במים את האדמה, דבר הדרוש ל"שיח השדה," ובנוסף, עדיין לא הופיע האדם כדי שהוא יעבד את האדמה. בשני הפסוקים הבאים מופעים הפריטים ה"חסרים." הקב"ה מספק את המים הדרושים (פסוק ב:ו), והאדם נוצר לעבד את האדמה (פסוק ב:ז), ולכן "שיח השדה" יצמח. וזה כל תיאור הבריאה! אין פריטים אחרים בעולם שראוי להזכירם?

פסוק ב:ה דורש הסבר. בוודאי לא היה צורך באדם "לעבוד את האדמה" על־מנת ליצור את ג'ונגל האמזונס ויערות העד שבאירופה. לכן, ברור שכוונת הביטוי "שיח השדה" בפסוק ב:ה היא לגידולים חקלאיים, כולל תבואה, פירות וירקות, שעבורם אכן דרוש האדם "לעבוד את האדמה."

שיתוף פעולה במעשה בריאה

התיזה המוצעת כאן היא ש"תיאור הבריאה" בפרק שני אינו תיאור בריאה כלל. אלא, שהפסוקים ב:ה-ז מדגימים את אחד הרעיונות החשובים בהשקפה התורנית, דהיינו, כל פעולה יצירתית של האדם מבוססת על **השותפות בינו לבין בוראו**. רעיון זה מודגם על־ידי הפקת התוצרת החקלאית, שמצריכה הן את פעולותיו של הקב"ה והן את פעולותיו של האדם. לכן, פסוקים ה-ז בפרק שני **משלימים** את תיאור הבריאה בפרק ראשון, וכך שניהם מהווים יחידה אחת.

להלן מספר דוגמאות לשיתוף הפעולה הקיים בין האדם לבוראו.

רבי עקיבא הרחיב רעיון זה (מדרש תנחומא, פרשת תזריע, סימן ה') באומרו שכיכר לחם שהאדם אופה מרשימה יותר משיבולי החיטה של הקב"ה, שמהם הוכן הלחם. בכך, רבי עקיבא הדגיש שיצירת הלחם דורשת את שיתוף הפעולה בין האדם לבין הקב"ה, כפי שמובא בטבלה לעיל.

בורא עולם	האדם	תוצר
מים	חקלאי	תבואה, פירות, ירקות
חימר	קדר	כלי חרס
עופרות מתכת	נפח	כלי מתכת
זהב, כסף, אבני חן	תכשיטן	תכשיטים
פיגמנטים שונים	אמן	ציורים

הכינוי של הקב"ה

עדיין נותרה בפנינו שאלה. בפרק ראשון, הקב"ה מכונה בכינוי "**אלהים**." לעומת זאת, בפרק שני, הקב"ה מכונה "**י־ה־ו־ה אלהים**." מדוע הכינוי **י־ה־ו־ה** נוסף בפרק שני לכינוי אלהים? הכינויים השונים של הקב"ה מוסברים על־פי ההיבט השונה של תיאורי הבריאה בשני הפרקים.

הכינוי "אלהים" מצביע על עוצמה. בהתאם לכך, בתורה מופיע הכינוי "אלהים" גם כאשר מדובר באלילים שעובדי עבודה זרה סברו שיש להם כוח. לדוגמא, כתוב בעשרת הדברות: "לא יהיה לך אלהים אחרים על פני" (שמות כ:ג). לפיכך, היות ועוצמת הקב"ה הודגשה בפרק ראשון, מתאים בפרק זה הכינוי "אלהים," שבו הקב"ה מתואר ככול־יכול (Almighty) שברא את העולם כולו.

אולם, נושא הפרק השני הוא **שיתוף הפעולה** בין האדם לבין בוראו. לכן, בפרק השני כתוב גם הכינוי האישי של הקב"ה, **י־ה־ו־ה**, וגם הכינוי **אלהים** שמדגיש את העוצמה של הקב"ה.

בריאת האדם: הפרק השני לעומת הפרק הראשון

בסוף הפרק הראשון מתוארת הופעת האדם. אולם, בהתחלת הפרק השני, הופעת האדם מתוארת שוב פעם. שני התיאורים של הופעת האדם הם כדלהלן:

פסוק א:כז: "ויברא אלהים את האדם בצלמו, בצלם אלהים ברא אותו, זכר ונקבה ברא אותם."

פסוק ב:ז: "וייצר ה' אלהים את האדם עפר מן האדמה, ויפח באפיו נשמת חיים, ויהי האדם לנפש חיה."

מפסוקים אלה עולות כמה שאלות:

- מה מוסיף תיאור בריאת האדם בפרק שני (ב:ז) מעבר למה שכבר כתוב בפרק ראשון (א:כה)?
- מדוע מופיעים שני פעלים שונים המתארים את הופעת האדם: "**ויברא**" בפרק ראשון, לעומת "**וייצר**" בפרק שני?
- בניגוד לכל הנבראים האחרים, מוזכר בפרק שני מאיזה חומר גלם נוצר האדם ("עפר מן האדמה"). לאיזו מטרה מופיע מידע זה?

החלק הראשון של פסוק ב:ז מתאר את האופי הגשמי של האדם ("**עפר מן האדמה**"), והחלק השני של הפסוק מתאר את האופי הרוחני־השכלי־היצירתי של האדם ("**ויפח באפיו נשמת חיים**"). במילים אחרות, בפסוק זה מתואר **האופי הדואלי** של האדם - הן גשמי (**עפר**) והן רוחני/שכלי/יצירתי (**נשמה**). שילוב זה - גשמי **וגם** רוחני־שכלי־יצירתי - מהווה את מהות האדם. על־פי השקפה תורנית, התכונות העיקריות של האדם טמונות בכוחותיו הרוחניים (**ויפח באפיו נשמת חיים**). בהתאם לכך, כל פרשני התורה מגדירים את האדם לפי כוחותיו השכליים והיצירתיים.

להלן מספר דוגמאות:

- אונקלוס: "**והוות באדם לרוח ממללא**" (רוח מדברת)
- רש"י: "**עשאו גוף מן התחתונים ונשמה מן העליונים...שנתוסף בו דעת ודיבור**"
- רמב"ן: "**היא רוח מפיו דעת ותבונה...בנשמה הזאת ישכיל וידבר**"
- ספורנו: "**היה חיה בלתי מדברת עד שנברא בצלם ובדמות**"

לאור האמור לעיל, אפשר להבין מדוע מופיעים פעלים שונים לתאר את האדם בשני הפרקים. בפרק הראשון כתוב שהקב"ה **ברא** את האדם **בצלם אלהים**, ובפרק השני כתוב שהקב"ה **יצר** את האדם. הפרק הראשון מתאר את הכוח **הרוחני־השכלי־היצירתי העילאי** של האדם (**צלם אלהים**). היות ותכונה זו חדשה לגמרי, מתאים הפועל "**ברא**." אבל החלק הראשון של פסוק ב:ז מתאר את הצד **הפיזי** של האדם (**עפר מן האדמה**), תכונה שאינה יחודית לאדם. לכן, מתאים הפועל "**יצר**."

היבטים ייחודיים חשובים של האדם

נחתום את הדיון בציון שלושה היבטים של "**צלם אלהים**" המייחדים את האדם.

תקשורת ושפה

במשך אלפי שנים, חלה התקדמות מרחיקת־לכת בתחומים רבים שהובילו לציוויליזציה של האדם. רכיב חשוב בהתקדמות זו הינה מסוגלות האדם לתקשר זה עם זה. מתוך כך, יכול האדם ליהנות מהישגיהם של בני דורו והדורות הקודמים. הוא אינו נדרש "להמציא את הגלגל מחדש" בטרם יוסיף הוא את תרומתו. מכיוון שאפשר להסתמך על הישגי הזולת, הואץ קצב ההתקדמות הטכנולוגית, שהיא אחת מסימני־ההיכר של התרבות. אין להמעיט מחשיבותה של התקשורת המילולית והכתובה. החידושים הטכנולוגיים הרבים אשר חוללו מהפך בחברה, הם פרי מאמץ משותף של אנשים כישרוניים רבים, דורות על גבי דורות.

כבר אמר הפיזיקאי המהולל אייזק ניוטון: "**אם הצלחתי לראות רחוק יותר מאחרים, אין זאת אלא משום שעמדתי על כתפיהם של ענקים**."

יכולתו של האדם ללמוד את הידע והעשייה של דורות קודמים ולהחליף דעות עם בני־מינו העכשוויים, היא אחד מההיבטים הרבים של בריאת האדם "**בצלם אלהים**."

סקרנות אינטלקטואלית

האדם הוא היצור היחיד המגלה סקרנות אינטלקטואלית גם בנושאים שאינם נוגעים לסיכוייו לשרוד. נושאים אלו כוללים פילוסופיה, אומנות, מוזיקה, היסטוריה, מתמטיקה, אסתטיקה, תיאולוגיה, פסיכולוגיה, סוציולוגיה והרבה נושאים נוספים. כל יתר בעלי חיים עוסקים בחומר בלבד, כגון מזון, מחסה, ביטחון, רבייה וכדומה, לטובתם או לטובת צאצאיהם או הקבוצה שאליה הם משתייכים. אמנם קיימות חיות מסוימות שכן מראות סקרנות בסביבתן, אך לא ברמה גבוהה. בניגוד לבעלי חיים אחרים, מגלה האדם עניין רב גם בתחומים שלא יובילו לתועלת כלשהי.

להמחשת רעיון זה, אין דוגמה טובה מן הקריאה בספר הנמצא בידיך ברגע זה. הקריאה לא תעלה את משכורתך, לא תשפר את איכות המזון המונח על שולחנך, ולמעשה לא תביא כל תועלת מוחשית אישית. אף־על־פי־כן, סקרנותך האינטלקטואלית דוחקת בך להמשיך לקרוא.

סקרנות זו, המאפיינת את האדם בלבד, הינה היבט נוסף של בריאת האדם "**בצלם אלהים**."

מצפון

התכונה היחודית ביותר של האדם היא קבלת החלטות על־פי צו המצפון והמוסר. האדם, **והאדם בלבד**, מסוגל לפעול על־פי עקרונות מופשטים של צדק ויושר, של טוב ורע. יתירה מכך, האדם מסוגל להקריב את רווחתו האישית, ואף את חייו, כדי לעמוד בצו מצפונו.

לדוגמא: מדי פעם, אסונות רעב פוקדים איזורים מסויימים באפריקה. אנשים רבים בעולם נזעקים לעזור לאותם רעבים אף־על־פי שאין כל קשר בין האמריקני או האירופאי הטיפוסי לבין האפריקנים הגוועים ברעב. הם אינם שייכים לאותו גזע, ואין להם אותה דת, לא אותה שפה, לא אותה אידיאולוגיה, ולא אותו אורח החיים. למרות זאת, מראה ילדים גוועים מרעב שהוצג לעיניהם של מיליוני צופי טלוויזיה, נוגע לליבם, מעורר את מצפונם, "ותובע" מהם להושיט יד על־מנת להקל על סבלם של האומללים.

האדם הוא היצור היחיד בעולם המתמודד עם מצפונו ועוסק בתיקון עולם. זכות קדושה זו, והאחריות הכבדה הנלווית אליה, הן נחלתנו בלבד, שרק האדם נברא "**בצלם אלהים**." כפי שכתוב בתורה (דברים ל:טו, יט):

"נתתי לפניך את החיים ואת הטוב, ואת המוות ואת הרע... ובחרת בחיים."

7

"ומעץ הדעת טוב ורע, לא תאכל ממנו"
עץ הדעת טוב ורע

אחד הפרקים המעניינים ביותר בפרשת "בראשית" הוא נושא גן עדן. מיד לאחר בריאת העולם, יצר הקב"ה גן נפלא ("**ויטע ה' אלהים גן בעדן מקדם**", בראשית ב:ח). בתוך הגן הושם תחילה אדם ואח"כ חוה. בגן עדן היו עצים יפים, חיות נפלאות, נהרות נעימים וכל טוב. את כל אלה מסר הקב"ה להנאתם של אדם וחוה, חוץ מן הפרי של עץ הדעת, שאכילתו נאסרה עליהם ("**ומעץ הדעת טוב ורע, לא תאכל ממנו**", ב:יז). יתרה מזו, הקב"ה קבע עונש חמור ביותר על אכילת פרי עץ הדעת ("**כי ביום אכלך ממנו, מות תמות**"). מפרשה זו עולות מספר שאלות.

שאלות

• מה פשר השם "עץ הדעת"? וכי האוכל מפירותיו נהיה חכם יותר?

• מדוע כונה העץ "טוב ורע"? מה הקשר בין מוסר ("טוב ורע") לבין אכילת פרי?

• איזה מין עץ היה אותו עץ נורא, שהעונש על אכילת פירותיו הוא מוות? שאלה זו היא נושא לדיון בתלמוד (ברכות מ:א), והדעות חלוקות אם היה עץ תאנה, גפן או אתרוג. יש גם דעות נוספות, אבל היות ואין לשאלה הזו השלכות מעשיות, אין הכרעה בתלמוד בעניין. לצורך דיוננו כאן נניח שעץ הדעת היה תאנה. למה אסר הקב"ה את אכילת פרי עץ התאנה?

- בסופו של דבר אכלו אדם וחוה מעץ הדעת, אבל הם לא מתו באותו יום. אדם המשיך לחיות עוד 930 שנה! מהי, איפוא, משמעות האזהרה: "**כי ביום אכלך ממנו, מות תמות**"?

- במהלך הסיפור מתארת התורה את לבושם - או, ליתר דיוק, את העדר לבושם - של אדם וחוה: "**ויהיו שניהם ערומים האדם ואשתו, ולא יתבוששו**" (ב:כה). מה פשר המילים: "**ולא יתבוששו**"?

- כאשר הנחש שכנע את חוה לאכול מעץ הדעת, חוה נתנה מהפרי גם לאדם ("**ותקח מפריו ותאכל, ותתן גם לאישה עמה, ויאכל**", ג:ו). תוצאת אכילת הפרי הייתה מפתיעה: "**ותפקחנה עיני שניהם, וידעו כי ערומים הם**" (ג:ז). האם קודם האכילה מפרי עץ הדעת, לא ידעו אדם וחוה שהם ערומים? ובהמשך, גם הקב"ה קשר בין האכילה לבין הידיעה שהם ערומים: "**מי הגיד לך כי ערום אתה? המן העץ אשר צויתיך לבלתי אכל ממנו, אכלת?**" (ג:יא).

- מה הקשר בין אכילת פרי מעץ הדעת לבין הידיעה של אדם וחוה שהם ערומים. לפני אכילת הפרי האסור, העירום לא הפריע לאדם וחוה ("**ולא יתבוששו**"), אבל אחר האכילה מהפרי האסור, העירום מאוד הפריע להם וגרם לאדם וחוה להתחבא בין עצי הגן ("**ויתחבא האדם ואשתו...ויאמר (אדם לקב"ה)...ואירא כי ערום אנכי, ואחבא,**" ג:ח-י). מדוע העירום, שעליו נודע להם עתה, גרם לאדם וחוה לפחד ולהתחבא? ממה פחדו?

- לפני גירושם של אדם וחוה מגן עדן, עשה להם הקב"ה בגדים: "**ויעש ה' אלהים לאדם ולאשתו כתנות עור וילבשם**" (ג:כא). מדוע "טרח" הקב"ה בעצמו בעשיית הבגדים ולא הטיל את המלאכה על אדם וחוה, ומדוע עשה להם הקב"ה בגדי עור דווקא ולא בגדי צמר או פשתן?

משל לסיפור גן עדן

שאלות אלו העסיקו את פרשני התורה מימי חז"ל ועד ימינו, ואנו כדרכנו ניצמד לפשט. על-מנת להסביר מדוע עץ התאנה כונה "**עץ הדעת טוב ורע,**" ניעזר במשל.

פעם היה איש עשיר שבנה עבור תושבי כפר מסוים בית כנסת מפואר. העיצוב היה מעולה, הכיסאות נוחים ומרווחים, וארון הקודש - ייחודי ביופיו. בכל שבת הכין אותו הגביר "קידוש" עבור המתפללים. אולם גזרה אחת קבע הגביר, דהיינו, כיסא מסויים בבית הכנסת, הכיסא השביעי בשורה השלוש

עשרה, חייב להישאר פנוי תמיד. לא היה שום דבר ייחודי בכיסא זה. הגביר גזר שאיש לא ישב בו משום שרצה שבכל עת שיראה מתפלל את הכיסא הפנוי, הוא ייזכר וידע שהוא רק אורח בבית הכנסת, ושהגביר הוא בעל הבית. מתפלל שיעז להפר את האיסור וישב בכיסא המיוחד הזה, תיחשב התנהגותו לבלתי־מוסרית, שכן ישיבתו בכיסא זה מהווה ערעור על בעלותו של הגביר על בית הכנסת.

הנמשל ברור. לא היה פגם מהותי באכילת פרי עץ הדעת. מטרת האיסור הייתה שיידעו אדם וחוה שיש אדון לגן עדן, וחוקי המוסר הבסיסיים של טוב ורע מכתיבים להם לציית להוראותיו של בעל הבית, הלוא הוא הקב"ה.

רעיון מקביל קיים במצוות לא־תעשה המכונות "חוקים," כגון האיסור באכילת בשר חזיר. איסור זה נובע מעצם גזרתו של הקב"ה, ככתוב: **"לא יאמר אדם: 'אי-אפשי (אין רצוני) לאכול בשר חזיר'. אלא יאמר, 'אפשי (אני רוצה), ומה אעשה, אבינו שבשמים גזר עלי כך'** " (ספרא, ויקרא כ:כו). במילים אחרות, הסיבה להימנע מאכילת חזיר היא שהקב"ה אסר עלינו את אכילתו.

הנמשל בסיפור גן עדן

עתה נחזור לגן עדן ונבין את המשך השתלשלות האירועים. גן עדן היה מקום מלא נפלאות טבע רבות. אולם מלבד הצמחים והעצים היפים היו בתוכו גם חיות, וביניהן חיות טרף. למרות שאדם וחוה היו חשופים לסכנות הללו - **"ערומים"** - הם לא חששו - **"לא התבוששו"** (למשמעות דומה של הפועל, ראה ישעיהו מד:יא) - מפני שהם חיו בתחושה שהקב"ה מגן עליהם.

בסופו של דבר, אכלו אדם וחוה מעץ הדעת. אבל בניגוד לאזהרת הקב"ה ("ביום אכלך ממנו מות תמות"), לא קרה להם דבר! האיום נראה להם כאיום סרק. הם לא השכילו להבין כי הפירוש הנכון של אזהרת הקב"ה הוא שביום האכילה מעץ הדעת הם יהפכו לבני־תמותה. היות ולא ראו את מימוש האיום, על־פי פרשנותם, אדם וחוה חשו שאין גיבוי למילתו של הקב"ה. לכן, כמו שאי־אפשר לסמוך על הקב"ה כשהוא מבטיח תוצאות רעות (כגון מוות), גם אי־אפשר לסמוך עליו כשהוא מבטיח תוצאות טובות, דהיינו, שהקב"ה יגן עליהם. זו משמעות הכתוב: "ותפקחנה עיני שניהם, וידעו כי ערומים הם." העדר העונש המיידי על אכילת הפירות האסורים גרם להם לחוש שהם "ערומים" בפני הסכנות שבגן, בלי מגן שאפשר לסמוך עליו. לכן, הם ניסו להגן על עצמם כמיטב יכולתם ("ויתפרו עלה תאנה ויעשו להם חגורות", ג:ז) ומתוך פחד התחבאו בין עצי הגן. אז נגלה עליהם הקב"ה וגזר עליהם גירוש מגן עדן.

הגירוש מגן עדן לא בא כעונש על העבירה של אכילת הפרי האסור. תמיד אפשר לחזור בתשובה המובילה למחיקת העבירה, כפי שכתוב לגבי אנשי נינוה: **"וירא האלהים את מעשיהם כי שבו מדרכם הרעה, וינחם האלהים על הרעה אשר דבר לעשות להם, ולא עשה"** (יונה ג:י).

אם כן, מה הייתה הסיבה לגירוש אדם וחוה מגן עדן? הסיבה היא שהרשות לשהות בגן עדן נועדה רק לבני אדם בעלי אמון מלא ומוחלט בקב"ה. כאשר אדם וחוה הרגישו צורך להתחבא מפני הקב"ה (**"וישמעו את קול ה' אלהים מתהלך בגן לרוח היום, ויתחבא האדם ואשתו מפני ה' אלהים בתוך עץ הגן"**, ג:ח), הם גילו בכך את חוסר האמון שלהם בקב"ה. האמון נפגם והתבטא בהיחבאות מפניו של הקב"ה ולעולם לא יינתן להחזירו לשלמותו. הגירוש מן הגן היה פועל יוצא של חוסר האמון של אדם וחוה בקב"ה. הם הפגינו בהתנהגותם שאין הם מתאימים עוד להישאר במציאות של קירבה ישירה לקב"ה בגן עדן: **"וישלחהו ה' אלהים מגן עדן"** (ג:כג).

כותנות העור

הנקודה האחרונה בסיפור גן עדן קשורה ל**"כותנות העור"** שעשה הקב"ה עבור אדם וחוה. גם אחרי גירושם מגן עדן, לא נטש אותם הקב"ה. על-מנת שלא יהיו חשופים - **"ערומים"** - לסכנות של העולם מחוץ לגן, הקב"ה עשה להם כותנות עור המסמלות את המשך הגנתו עליהם. בניגוד לחגורות **"עלה תאנה"** שהם הכינו לעצמם, הכותנות שעשה להם הקב"ה היו מעור, חומר עמיד, המשקף את ההגנה העוטפת והאיתנה של הקב"ה. באמצעות כותנות עור אלו מזכיר הקב"ה לאדם וחוה כי גם כאשר הם יהיו מחוץ לגן עדן, הקב"ה, ברחמיו האינסופיים, לעולם לא ייטוש אותם.

8

"את קשתי נתתי בענן"
פוטונים, הקשת בענן,
והבטחתו של הקב"ה

בפרשת "נח" מופיע סיפור המבול. בעקבות התנהגותה הבלתי-מוסרית של
האנושות, הציף הקב"ה את העולם במבול רב-מימדים שבו טבעו כל בני
האדם, פרט למשפחתו של נח הצדיק שניצלה בתיבה. לאחר שנסוגו מי המבול
ונח ומשפחתו יצאו מן התיבה, הבטיח להם הקב"ה שלא ישמיד עוד את העולם
במבול, ולשם כך נתן סימן חזותי למימוש הבטחתו (בראשית ט:יב-טו):

"ויאמר אלהים, זאת אות הברית אשר אני נותן ביני וביניכם ובין כל נפש
חיה אשר איתכם לדורות עולם. את קשתי נתתי בענן והייתה לאות ברית
ביני ובין הארץ. והיה, בענני ענן על הארץ ונראתה הקשת בענן, וזכרתי
את בריתי אשר ביני וביניכם ובין כל נפש חיה בכל בשר, ולא יהיה עוד
המים למבול לשחת כל בשר."

אין בכוונת פסוקים אלה ללמד שהקשת לא הייתה קיימת טרם המבול, אלא
שהקב"ה קבע שכל עוד תופיע הקשת, הוא לא ישמיד את העולם באמצעות
מבול. לדוגמא, אדם יכול לומר לידיד את המשפט הבא: "**זריחת השמש במזרח
היא סימן לכך שתמיד תוכל לסמוך על עזרתי**." אין בכוונת משפט זה לומר
שכעת האדם יוצר את השמש, אלא **שתמיד** הוא יעזור לידיד, כפי שהשמש
תמיד זורחת במזרח.

מדוע בחר הקב"ה דווקא בקשת כסימן חזותי לאנושות שלא יתרחש עוד
מבול הרסני? מדוע לא בחר בתופעת טבע אחרת? מקובל להסביר כי הגשם

57

הוא ממבשריו הידועים של המבול. לפיכך, ברדת גשם עז, עלולים בני האדם לחשוש שהגשם העז הוא סימן לתחילתו של מבול עצום ששוב ישמיד את הכול. לכן, הקשת המלווה את הגשם מתאימה לשמש כסימן להבטחת הקב"ה שמבול הרסני לא יתרחש שוב.

סימן חזותי אחר

קיימת סיבה נוספת לבחירת הקשת כסימן חזותי להבטחתו של הקב"ה. בקשת נמצאת תכונה מיוחדת הגורמת לה להיות לסמל האידאלי להבטחה זו.

אילו נתבקשנו לבחור בעצם שיסמל קביעות, ייתכן שהיינו מציעים הר המתנשא לגובה רב. אולם, היום מהנדסים קודחים בהרים בקלות כדי לסלול בהם כבישים. בעת הצורך, ציוד מכני הנדסי כבד יכול אפילו לשטחם. למעשה, היום מהנדסים מסוגלים לפרק כל עצם לגורמים. לפיכך, עצם שיציין קביעות חייב להיות כזה שאי־אפשר לפרקו לחלקיקים קטנים יותר.

בעבר סברו שאי־אפשר לפרק את האטום. במהלך הזמן גילו המדענים כי כן אפשר לפרקו לחלקיקים קטנים יותר. חלקים אלה הם האלקטרון, הפרוטון והנויטרון, שמהם מורכב האטום. מאז נודע כי הנויטרון והפרוטון מורכבים אף הם מחלקיקים קטנים עוד יותר המכונים קווארקים.

קיימים שישה חלקיקים שאינם ניתנים לפירוק. המדענים מכנים אותם "**חלקיקים אלמנטריים**," והם: האלקטרון, הקווארק, הנויטרינו, הפוטון, הגלואון והגרוויטון. ישנם חלקיקים אלמנטריים נוספים, אך הם אינם יציבים. כמובן, רק חלקיק **יציב** ראוי להיבחר כסמל **ליציבות**.

ובכן מוכרים לנו שישה חלקיקים יציבים שאינם ניתנים לחלוקה היכולים לשמש לאות של יציבות אבל חמישה מתוך ששת החלקיקים היציבים האלה אינם ניתנים לזיהוי אלא באמצעות מיכשור מדעי. לפיכך, אותם חמשת החלקיקים אינם ראויים לשמש כסימן מהקב"ה לבני אדם. החלקיק **היחיד** שאפשר לזהותו בעין האנושות, בלי מכשיר מדעי, הוא **הפוטון** - חלקיק האור.

האור

עד סוף המאה התשע עשרה, סברו המדענים כי האור הוא תופעה גלית, והם דיברו על "גלי אור." אולם, בשנת 1900, הציע מקס פלאנק רעיון רדיקלי שלפיו האור מורכב מזרם חלקיקים זעירים הקרויים "פוטונים" - חלקיקי אור - מן המילה היוונית שמשמעותה "אור."

פלאנק הראה שתאוריית הפוטון מסוגלת להסביר את תכונות האור שלפני כן לא היו מובנות. תאוריה זו הובהרה על־ידי אלברט איינשטיין בשנת 1905. גם פלאנק וגם איינשטיין זכו לפרס נובל בפיזיקה על תרומתם החשובה לחקר אפיונו של האור.

בניגוד לשאר החלקיקים האלמנטריים, אפשר להבחין בפוטונים בעין בלתי־מזוינת. למעשה, העין היא איבר רגיש מאוד המסוגל להבחין בעשרה פוטונים בלבד. כך, ברור עתה למה האור הוא הבחירה האידאלית לסמל את הקביעות ואת הבטחתו של הקב"ה שלא ישמיד עוד את כל החיים באמצעות מבול. אך מדוע דווקא הקשת? מדוע לא אור השמש?

אור השמש

האור מופיע בצבעים שונים. צבע האור נקבע לפי האנרגיה של הפוטון. אור בצבע אדום מכיל פוטונים בעלי אנרגיה נמוכה, בעוד שאור בצבע כחול מכיל פוטונים בעלי אנרגיה גבוהה. קיימים פוטונים בעלי אנרגיה גבוהה עוד יותר שהעין האנושית אינה מסוגלת להבחין בהם, כגון קרינה אולטרה־סגולית וקרני רנטגן. כמו כן, קיימים פוטונים בעלי אנרגיה נמוכה עוד יותר שהעין האנושית אינה מסוגלת להבחין בהם, כגון קרינת אינפרא־אדום.

צבעו של אור השמש הוא כמעט לבן. הלובן נובע מכך שאור השמש הוא תערובת אור המורכב מצירוף צבעים רבים, הנעים בין אדום לכחול. תערובת זו מובחנת בעין כצבע לבן. במילים אחרות, אור השמש מכיל סוגים שונים של פוטונים, שכל אחד הוא בעל אנרגיה וצבע משלו.

צבעה של השמש משתנה במהלך היום. שקיעות החמה מרהיבות העין נוצרות מכך שהפוטונים הכחולים הוסרו מאור השמש, ונשארו רק הפוטונים האדומים, הכתומים והצהובים. בזמן השקיעה, כשהשמש קרובה לאופק, על אור השמש לחדור מבעד שכבה עבה של אטמוספירה כדי להגיע לצופה. דבר זה גורם לפוטונים הכחולים להתפזר מאור השמש. (מסיבות טכניות, האור הכחול מפוזר יותר על־ידי האטמוספירה משאר הצבעים.) מאחר שצבעה של השמש **משתנה** במהלך היום, אור השמש אינו מתאים לשמש כסימן **לקביעות**.

אור הקשת

האם קיים מצב שבו אור השמש מכיל צבע אחד ויחיד, ולא תערובת של צבעים? כן! מצב זה קיים בקשת, כאשר טיפות הגשם מפרידות את אור השמש

לצבעיו השונים. כל אחד מן הצבעים הנפרדים בקשת הוא צבע **יחיד**, המכיל פוטונים זהים **שצבעם אינו משתנה לעולם**. כך, הקשת היא סמל חזותי אידאלי **לקביעות** המצויה בטבע. לכן, אפשר להבין מדוע נבחרה הקשת כסמל לבריתו של הקב"ה (בראשית ט:ט-יא).

"ואני הנני מקים את בריתי איתכם ואת זרעכם אחריכם. ואת כל נפש החיה אשר איתכם בעוף, בבהמה, ובכל חית הארץ איתכם, מכול יוצאי התיבה לכל חית הארץ. והקימותי את בריתי איתכם, ולא יכרת כל בשר עוד ממי המבול, ולא יהיה עוד מבול לשחת הארץ."

מפסוקים אלה רואים שהברית הזאת לא הוגבלה לעם ישראל בלבד, כפי שהיה בבריתות מאוחרות יותר (בראשית טו:יח, יז:יא, שמות כד:ח, לא:טז, לד:י, במדבר כה:ג, דברים ה:ב). ברית זו גם לא הוגבלה לבני אדם בלבד. הקשת המרחיבה הזוהרת בשמים מסמלת את הברית הראשונה בין הקב"ה לעולמו, הכוללת את **כל היצורים החיים – ברית של קיום כל הבריאה, גם האדם וגם החי.**

9

"הנה עם בני ישראל רב ועצום"
גידול האוכלוסין העצום של בני ישראל במצרים

מספרים

בין המספרים הרבים בספר "במדבר," מוזכרים מספרים שנראים לכאורה בלתי־אפשריים להבנה. מטרת פרק זה היא להראות שאפשר להסביר גם את המספרים הבעייתיים האלה.

בין המספרים הבעייתיים בולט מספרם הרב של הגברים שיצאו ממצרים. כתוב בתורה כי 603,550 זכרים מעל גיל עשרים יצאו ממצרים ומספר זה אינו כולל את שבט לוי (במדבר א:מו). ראוי להעיר שכאשר התורה מדווחת על מספר בני אדם בכל שבט, המספר כולל את הזכרים הבוגרים בלבד. הסיבה היא, כנראה, שהשבט של אדם נקבע לפי שבט האב.

למרות שנכנסו למצרים 70 נפש בלבד (בראשית, פרק מו), יצאו משם מעל 600 אלף זכרים. מספר עצום זה מצריך הסבר, היות ומדובר בגידול אוכלוסין של כמעט פי־10,000 - גידול שאין לו אח ורע בהיסטוריה.

שאלה זו ידועה, והוצעו לה פתרונות שונים. לדוגמא, על הפסוק: "ובני ישראל פרו וישרצו וירבו ויעצמו במאוד מאוד ותימלא הארץ אותם" (שמות א:ז), כתוב במדרש: "שהיו יולדות ששה בכרס אחד" (שמות רבה, פרשה א, סימן ח). אולם, במשפחות עם ישראל הרבות המוזכרות בספר "במדבר," אין אפילו דוגמא אחת למשפחה שבה עשרות בנים.

כאן נציע פתרון אחר, המבוסס על הנחות סבירות, לגידול האוכלוסין העצום של בני ישראל במשך שהותם במצרים.

גידול אוכלוסין בהיסטוריה

בני ישראל שהו במצרים 210 שנה (רש״י על שמות יב:מו). המספר המפורסם - 430 שנה - מתייחס לתקופה שמתחילה בלידת יצחק אבינו. מספר גברים המוזכר בתורה כולל רק גברים מעל גיל עשרים. לכן, מדובר על גידול אוכלוסין תוך תקופה של 190 שנה.

מהו גידול האוכלוסין המוכר לנו בהיסטוריה בתקופה של 190 שנה? לדוגמא, בין השנים 1740 עד 1930, גדלה אוכלוסיית העולם פי־3 (מ־700 מיליון עד 2 מיליארד). לכן, שאלתנו היא איך אפשר להסביר את השוני העצום בין גידול אוכלוסין קטן יחסית זה (רק פי־3) לגידול האוכלוסין העצום שמדווח בתורה (כמעט פי־10,000) באותה תקופה של 190 שנה?

אי־אפשר לתלות את הסיבה לגידול האוכלוסין האיטי המוכר לנו במספר הקורבנות הרבים שנפלו במלחמות שהתרחשו במהלך ההיסטוריה. אפילו המלחמה האיומה ביותר, מלחמת העולם השנייה, שבה נהרגו 60 מיליון בני אדם, ביניהם שישה מיליון יהודים, כמעט ולא השפיעה על גודל האוכלוסייה העולמית. בפרוץ מלחמת העולם השנייה, מנתה אוכלוסיית העולם כ־2.2 מיליארד בני אדם. לפיכך, נהרגו במלחמה 3% מאוכלוסיית העולם.

הסיבה האמיתית לגידול כה איטי של אוכלוסיית העולם היא האחוז הגבוה של ההריונות שלא הובילו ללידת ילדים שהגיעו לבגרות בגלל העדר ידע רפואי. לפני העידן המודרני, עקב מחלות ומגפות, רוב הילדים במשפחה טיפוסית מתו בצעירותם, וזאת בנוסף להפלות טבעיות ולמוות בזמן לידה. לכן, אוכלוסיית העולם גדלה באיטיות רבה למרות העובדה שכמעט כל אישה נכנסה להיריון מספר פעמים ניכר במשך חייה. על מציאות זו נאמר הביטוי: ״הריונות רבים אבל משפחות קטנות.״

פרופסור ג׳רד דייאמונד מתאר בספרו *Guns, Germs and Steel* את ההשפעה הקטלנית ביותר של מחלות ומגפות על אוכלוסיות בעבר. לפני אלפי שנים, בתקופת יציאת מצרים, בגלל מחלות ומגפות נוראיות, **נדרשו 1000 שנה** להכפיל את אוכלוסיית העולם.

מספר הדורות במצרים

כפי שנאמר, בני ישראל שהו במצרים במשך 210 שנה. תקופת פוריות האישה מתחילה בערך בגיל 15 וממשיכה עד גיל 40-45. כל גיל בין גיל 40 לבין גיל 45 הוא גיל סביר עבור סוף תקופת פוריות האישה. בחישוב הנוכחי, נניח

שהגיל הוא 45, כי הנחה זו נותנת תוצאה קרובה למה שכתוב בתורה. תקופת "דור" מחושבת כגיל האישה באמצע תקופת פוריותה, דהיינו, 30 שנה, הנמצא באמצע בין גיל 15 לבין גיל 45. יוצא, איפוא, **שבני ישראל היו במצרים במשך שבעה דורות.**

גודל משפחה ממוצעת

האתגר העיקרי בחישוב שלנו הוא לקבוע את גודל המשפחה הממוצעת לפי המידע הכתוב בתורה. ליעקב אבינו היו שנים עשר בנים, אבל היו לו ארבע נשים, ולכן משפחתו לא הייתה טיפוסית. לאחד עשר בני יעקב (בלי לוי) נולדו 50 בנים (בראשית פרק מו), מהם אבות עם הרבה בנים (לבנימין היו עשרה בנים, בראשית מו:כא) ומהם אבות עם מעט בנים (לדן היה בן אחד בלבד, מו:כג). הממוצע הוא 4.6 בנים לאב (לחלק 50 על־ידי 11). מספר זה ישמש לנו בסיס לחישוב. מלבד 4.6 בנים למשפחה, יש להניח מספר דומה של בנות. לכן, אנחנו נעריך שלמשפחה ממוצעת היו 9.2 ילדים. גודל משפחה זה אינו חריג כלל. כיום, במגזר החרדי, משפחה שבה תשעה ילדים היא שכיחה למדי.

לסיכום, לבניו של יעקב אבינו (בלי לוי) היו 50 בנים, ומספר זה גדל פי־4.6 בכל דור. בטבלה אנו מציגים את מספר הזכרים בסוף כל דור (המספרים מעוגלים).

מספר דור	התחלה	1	2	3	4	5	6
מספר זכרים	50	240	1100	5060	23,300	107,000	492,000

הטבלה אינה כוללת את מספר בני הדור השביעי, היות ובעת יציאת מצרים, בני דור השביעי היו צעירים והתורה מונה רק זכרים **"מבן עשרים שנה ומעלה."** בזמן יציאת מצרים, בני ארבעת הדורות הראשונים כבר מתו (עברו 120 שנה). לכן, עלינו לספור רק את מספר בני הדור החמישי (107 אלף זכרים) ואת מספר בני הדור השישי (492 אלף זכרים). יוצא שמספר הכולל של יוצאי מצרים מבן עשרים שנה ומעלה היה 599,000 זכרים. מספר זה דומה מאוד למספר הכתוב בתורה, הלוא הוא 603,550 זכרים.

חשוב להדגיש שאין הכוונה לטעון שפרטי הטבלה מתארים בדיוק את מספר בני ישראל שחיו בכל דור ודור במשך שהות בני ישראל במצרים. כוונת החישוב היא להראות שבאמצעות הנחות סבירות, אפשר להסביר את הנתון המדהים של המספר הגדול של בני ישראל במועד יציאת מצרים.

משמעות הברכות בתורה

פעמיים כתוב בתורה שהקב"ה ברך את עם ישראל במצרים בריבוי ילדים, הן בפסוק "ובני ישראל פרו וישרצו וירבו ויעצמו במאוד מאוד ותימלא הארץ **אותם**" (שמות א:ז) והן בפסוק "וכאשר יענו אותו, כן ירבה וכן יפרוץ" (א:יב). היות ומשפחה בת תשעה ילדים אינה דבר חריג, במה התבטאו הברכות? **משמעות הברכות הייתה שההריונות הרבים של האישה במשך חייה הביאו לעולם צאצאים ברי קיימא שזכו לגדול ולהביא אף הם ילדים לעולם.**

אין צורך להניח שלא הייתה תמותת ילדים בכלל, אלא שמכל הריונות האישה במשך שלושים שנות פוריותה, פרי בטנה חי ושגשג בערך תשע פעמים. דבר זה היה חריג ביותר בעולם הקדמון, ובזה התבטאו הברכות. אנו רואים, איפוא, שבני ישראל התברכו במצרים ועברו את המסע משבט קטן בעל שבעים נפש בלבד לגוי גדול עצום ורב.

שבט לוי לעומת שבטים אחרים

שבט לוי דורש דיון מיוחד, וזאת משתי סיבות. למרות שהגידול של שבט לוי נראה מרשים (מ־3 זכרים ל־22,300 זכרים), שבט לוי היה קטן בהרבה מכל יתר השבטים (במדבר, פרק א), שמספרם נע בין 35,400 (שבט בנימין) עד 74,600 (שבט יהודה). וזאת על אף העובדה שמספר הזכרים במפקד שבט לוי כלל "כל זכר מבן חודש ומעלה," לעומת יתר השבטים שלגביהם המפקד כלל רק "כל זכר מבן עשרים שנה ומעלה."

יש סיבה נוספת לדיון מיוחד לגבי שבט לוי. אפשר לבצע את החישוב שלנו לגבי גידול האוכלוסין של שבט לוי, אבל אי־אפשר לבצעו לגבי שבטים אחרים. כדי לבצע את החישוב נדרש מספר הבנים וגם מספר הנכדים. מידע זה כתוב בתורה אצל שבט לוי בלבד, ולא ביחס לשבטים האחרים. לכן, מידע זה מאפשר לנו לחשב את גודל שבט לוי במועד יציאת מצרים.

למשה ולאהרן היו תפקידים מיוחדים, חשובים ונשגבים בהוצאת בני ישראל ממצרים. בעקבות זה, התורה ראתה לנכון לפרט את אילן היוחסין של משה ואהרן, השייכים לשבט לוי. לגבי שבטים אחרים, לא הייתה סיבה שפרטים אלה יופיעו בתורה. לכן, אי־אפשר לחשב את גודל השבטים האחרים במועד יציאת מצרים.

גידול האוכלוסין של שבט לוי

אותו חישוב שביצענו לגבי גידול האוכלוסין של בני ישראל כולו מסביר גם את גידול האוכלוסין של שבט לוי. כתוב בתורה שהקב"ה ציווה למשה לפקוד את מספר הלוויים וזה בנוסף לציווי לפקוד את יתר בני ישראל (במדבר ג:טו):

"פקוד את בני לוי לבית אבותם למשפחותם, כל זכר מבן חודש ומעלה תפקדם."

אוכלוסיית שבט לוי עלתה **משלושת בני לוי** (גרשון, קהת, מררי) בזמן כניסת יעקב למצרים ל־**22,300 לוויים** במועד יציאת מצרים (במדבר ג:לט).

המספר הקטן יחסית של בני שבט לוי נבע מהמספר הקטן של לידות בשבט זה. לפי הכתוב בתורה, נראה שגודל משפחה ממוצעת בשבט לוי היה 2.9 זכרים בלבד, לעומת 4.6 זכרים במשפחה ממוצעת ביתר השבטים (ראה הדיון הקודם).

גודל משפחה ממוצעת בשבט לוי

ללוי היו שלושה בנים (גרשון, קהת, מררי) ושמונה נכדים (בני גרשון היו לבני ושמעי, בני קהת היו עמרם ויצהר וחברון ועוזיאל, בני מררי היו מחלי ומושי, שמות ו:יז-יט). זהו ממוצע של מעט פחות משלושה בנים לאב, דהיינו, 2.9 בנים למשפחה. נתון זה ישמש כדגם לגודלה של משפחה בשבט לוי.

מספר הדורות במצרים

כפי שכתוב לעיל, בני ישראל שהו במצרים במשך 210 שנה. תקופת פוריות האישה מתחילה בערך בגיל 15 וממשיכה עד גיל 45-40. כל גיל בין גיל 40 לבין גיל 45 הוא גיל סביר עבור סוף תקופת פוריות האישה. בחישוב הנוכחי, נניח שהגיל הוא 40, כי הנחה זו משיגה תוצאה קרובה למה שכתוב בתורה. תקופת "דור" מחושבת כגיל האישה באמצע תקופת פוריותה, דהיינו, 27 שנה, שהיא באמצע בין גיל 15 לבין גיל 40. יוצא, איפוא, **שבני שבט לוי היו במצרים במשך שמונה דורות.**

לסיכום, ירדו למצרים שלושת בני לוי ומספר זה גדל פי־2.9 בכל דור. בטבלה אנו מציגים את מספר הזכרים בשבט לוי בסוף כל דור (המספרים מעוגלים).

מספר דור	התחלה	1	2	3	4	5	6	7	8
מספר לויים	3	8	23	70	200	580	1700	4900	14,200

במועד יציאת מצרים, בני ארבעת הדורות הראשונים של שבט לוי כבר מתו (עברו מעל מאה שנה). לכן, עלינו להביא בחשבון את מספר בני לוי בדורות החמישי (580 זכרים), השישי (1700 זכרים), השביעי (4900 זכרים), והשמיני (14,200 זכרים). דהיינו, לפי החישוב שלנו, מספרם הכולל של בני שבט לוי במועד יציאת מצרים היה 21,380 זכרים. מספר זה קרוב מאוד למספר הכתוב בתורה, הלוא הוא 22,300 זכרים.

סיכום

מטרתנו כאן הייתה להראות שאפשר להסביר גם את המספרים המוזכרים בתורה הנראים לכאורה בלתי־אפשריים. הדוגמא שהבאנו הייתה גידול האוכלוסין העצום של בני ישראל בכלל ושל שבט לוי בפרט במשך שהותם במצרים. הסברנו מבוסס על שילוב בין הנחות סבירות והנתונים המופיעים בתורה.

10

"ועשו ארון עצי שיטים,
אמתיים וחצי ארכו"
אורך האמה

קיימות מצוות רבות בתורה המבוססות על מידות של אורך, נפח ומשקל.
מידות אורך ונפח קשורות זו לזו, היות ואורך כפול אורך כפול אורך
מתאים לנפח. מידות האורך והנפח בהלכה נלקחו מחפצים זמינים (כגון זית,
ביצה) או מחלקי גוף (אגודל, טפח, אמה). לכן, במשך הדורות, לא הייתה
בעיה לקבוע את המידות הללו בסנטימטרים (אורך) או בסנטימטרים מעוקבים
(נפח).

רשימת מצוות העשה בתורה הדורשות מידה או כמות מסוימת כוללת
את גודל הסוכה, כמות מי המקווה, כמות המצה והמרור שעלינו לאכול בליל
הסדר, כמות היין שעלינו לשתות בקידוש ועוד. רשימת מצוות הלא תעשה
בתורה שאיסורן מוגדר במידה או בכמות מסוימת כוללת את כמות המזון
שאכילתו אסורה ביום כיפור, המרחק שבו חל איסור העברת חפץ ברשות
הרבים בשבת ועוד.

מחלוקת

המידה הבסיסית בתורה היא יחידת אורך - **אמה** - המוזכרת בתורה שוב ושוב
בקשר למשכן וכליו. אולם, לפני מאתיים שנה, התעוררה מחלוקת לגבי אורך
האמה. מקור המחלוקת קשור למצוות הפרשת חלה. לפני שאופים פת - לחם
או עוגה - חייבים להפריש חלק מן הבצק, הנקרא **חלה**, ולמסור אותה לכהן.

היות ויש קדושה לחלה, הכהן אינו רשאי לאוכלה אם הוא טמא. היום, כאשר כל הכהנים טמאים בהעדר אפר פרה אדומה הנחוץ כדי לטהרם, אנו שורפים את החלה במקום לתת אותה לכהן.

לפי ההלכה, החובה להפריש חלה מן הבצק קיימת רק אם הבצק הוכן מנפח מסוים של קמח, הנקרא עומר. חז"ל מסרו לנו שתי דרכים לקבוע נפח העומר, דרך אחת על-פי נפח ביצה ודרך שנייה על-פי אגודלים מעוקבים (אגודל הוא יחידת אורך, כאשר 24 אגודלים שווים לאמה).

הרב יחזקאל בן יהודה לנדאו ("הנודע ביהודה," המאה השמונה עשרה) מדד את נפח העומר בשתי הדרכים האלו. להפתעתו, הוא גילה **סתירה בולטת** בין שתי דרכי המדידה האמורות לתת אותו נפח. מכיוון שהוא לא מצא דרך ליישב את הסתירה, הוא הורה לנקוט תמיד לחומרה. לפעמים דווקא הכמות הקטנה היא המחמירה (כגון, כמות המזון שאכילתה אסורה ביום כיפור) ולפעמים דווקא הכמות הגדולה היא המחמירה (כגון, כמות המצה שחייבים לאכול בליל הסדר).

שלוש שיטות לגבי אורך האמה

לאור הסתירה הבולטת הזו בין הכמויות האמורות להיות זהות, התפתחו במהלך הזמן שלוש שיטות שונות לגבי אורך האמה, ואלו הן:

- ה"חזון איש" (הרב אברהם ישעיהו קרליץ) גרס "אמה גדולה" - 58 ס"מ.

- הרב חיים נאה גרס "אמה קטנה" - 45 ס"מ.

- פרופסור אברהם יהודה גרינפילד גרס אמה עוד יותר קטנה - 44 ס"מ.

עכשיו נבחן מה אפשר ללמוד מהכתוב בתורה אודות שלוש השיטות האלו.

המשכן

מקובל לחשוב שהמשכן וכליו הם נושאים מרוחקים משיגרת החיים התורניים היום. אולם, אנו נראה שקיימות השלכות ישירות וחשובות בין הכתוב בתורה לגבי כלי המשכן לבין קביעת אורך האמה, דבר המשפיע גם היום על קיום מצוות רבות בתורה.

כלי המשכן השונים היו עשויים זהב, כסף ועץ. כלי הזהב במשכן כוללים את הארון, המנורה, השולחן, מזבח הזהב, והכפורת. רוב הכלים האלה עשויים

מעץ המצופה זהב. רק המנורה והכפורת עשויים זהב בלבד. המנורה הייתה כלי יפה במיוחד, בעלת שבעה קנים ושבעה נרות שהכהנים הדליקו כל ערב. הכפורת הייתה לוח זהב ששימש כמיכסה של ארון הקודש. משני כלי זהב אלה, אפשר לקבוע את אורך האמה בסנטימטרים.

השקל

מידת המשקל בתורה היא **שקל הקודש**, כאשר 3000 שקלים נקראים **כיכר** (שמות לח:כה-כו). קיימת ספרות תורנית עניפה שיש הסכמה בין הגאונים והראשונים על כך **שמשקל השקל הוא בערך 14 גרם**. מכאן, שמשקל הכיכר (3000 שקלים) הוא בערך 42 ק"ג.

כמות כל הזהב במשכן כתובה במפורש בתורה (שמות לח:כד), והיא כמעט 30 כיכר (ליתר דיוק, 29 כיכר ועוד 730 שקלים).

המנורה

מטרת המנורה לא הייתה לאפשר ראייה טובה יותר במשכן. אדרבא, היה אסור להשתמש במנורת המשכן כמקור אור, בדומה לאיסור להשתמש באורם של נרות חנוכה. מטרת המנורה הייתה אחרת לחלוטין, כפי שמוסבר בספר החינוך (מצווה צח):

"ציוונו השם יתברך להיות נר דלוק בבית המקדש לכבוד ולתפארת הבית בעיני הרואים... כדי שיכניס האדם בליבו כשיראהו מורא וענווה."

כמות הזהב הנדרשת עבור כלי המשכן

משקל המנורה היה כיכר אחת (שמות כה:לט, לז:כד). כמות הזהב שנדרשה עבור יתר כלי הזהב אינה כתובה בתורה. אולם, סביר להניח שליתר כלי הזהב במשכן (חוץ מן הכפורת) היה משקל דומה לזה של המנורה. רואים, איפוא, שמשקל כל כלי הזהב במשכן, חוץ מן הכפורת, הוא בערך 5-6 כיכר.

הכפורת

הארון היה תיבה הפתוחה למעלה, שבתוכה שם משה רבינו את לוחות הברית שעליהם נכתבו עשרת הדיברות. הכיסוי לארון מלמעלה היה לוח זהב, הנקרא **כפורת**. רק הארון והכפורת שמונחת עליו היו מונחים בקודש הקדשים, המקום המקודש ביותר במשכן.

כפי שנראה, הכפורת כוללת מעל 80% מכלל הזהב במשכן. מידות הכפורת: 2.5 אמות אורך, 1.5 אמות רוחב (שמות כה:יז) וטפח עובי (מסכת סוכה ה:א), שהוא שישית אמה (משנה כלים יז:י). יוצא, איפוא, שנפח הכפורת הוא 0.625 אמות מעוקבות (נפח = אורך × רוחב × עובי).

כדי לחשב את **משקל הכפורת**, יש לקבוע את אורך האמה בס"מ. נבחן שתיים מבין שלוש השיטות שהוזכרו לעיל. תוצאות החישוב מופיעות בטבלה.

שיטה	אורך האמה	נפח הכפורת	משקל הכפורת
פרופ' גרינפילד	44 ס"מ	53,000 סמ"ק	1030 ק"ג = 24 כיכר
ה"חזון איש"	58 ס"מ	110,000 סמ"ק	2120 ק"ג = 50 כיכר

פרטי החישוב הם כדלהלן. אם אורך האמה הוא 44 ס"מ (שיטת פרופ' גרינפילד), אז 0.625 אמות מעוקבות של הכפורת הן (44×44×44×0.625 סמ"ק) 53,000 סמ"ק (ראה טבלה). לפי המשקל הסגולי של זהב (19.3 גרם לסמ"ק), יוצא שמשקל הכפורת (0.0193×53,000 ק"ג) הוא 1030 ק"ג שהם **24 כיכר** (ראה טבלה). יוצא, כפי שנאמר, שרוב הזהב במשכן (מעל 80%) נדרש ליצור את הכפורת.

ראינו שמשקלם של יתר כלי המשכן, מלבד הכפורת, הוא **5-6 כיכר**. לכן, לפי שיטת פרופסור גרינפילד, **כמות הזהב הנדרשת עבור כל כלי המשכן, כולל הכפורת, היא בערך 30 כיכר**. כמות זו של זהב מתאימה לחלוטין למה שכתוב בתורה עבור כמות כל זהב במשכן (**בערך 30 כיכר**). לכן, השיטה הטוענת שאורך האמה הוא 44 ס"מ היא סבירה בהחלט.

לעומת זאת, לפי השיטה הגורסת שאורך האמה הוא 58 ס"מ, יוצא ש־0.625 אמות מעוקבות של הכפורת הם (58×58×58×0.625 סמ"ק) 110,000 סמ"ק (ראה טבלה). לפי המשקל הסגולי של זהב (19.3 גרם לסמ"ק), יוצא שמשקל הכפורת (0.0193×110,000 ק"ג) הוא 2120 ק"ג, שהם **50 כיכר** (ראה טבלה). **לפי השיטה הזו, כמות הזהב הנדרשת לכפורת בלבד (50 כיכר) עולה על כל הזהב במשכן כולו (בערך 30 כיכר)**. לכן, אורך האמה הוא קטן בהרבה מ־58 ס"מ.

סיכום

אנו רואים, איפוא, שמידות כלי המשכן הכתובות בתורה מאפשרות לנו לקבוע את אורך האמה. כמות הזהב הנדרשת לכל כלי המשכן - כמות הכתובה במפורש בתורה - מתאימה רק לאמה קטנה, דהיינו, בערך 45 ס"מ.

11

"אלה תשקצו מן העוף...ואת העטלף"
האם העטלף הוא ציפור?

העטלף, השפן, והארנבת

בתורה מפורטים בעלי החיים המותרים לאכילה ואלה שאסורים. אולם, הרשימה המופיעה בתורה מעלה מספר שאלות.

- בין סוגי העופות שאסורים לאכול נמנה העטלף, "**ואת אלה תשקצו מן העוף...ואת העטלף**" (ויקרא יא:יג, יט). אבל ידוע שהעטלף הוא יונק, ולא עוף. העובדה שהעטלף הוא יונק הייתה ידועה כבר מזמן התלמוד (בכורות ז:ב). לכן, מדוע התורה רושמת את העטלף בין העופות?
- בין מעלי הגרה שנרשמו בתורה מופיעים השפן והארנבת (ויקרא כו:ה-ו). אולם, יצורים אלה אינם מעלי גרה מבחנה זואולוגית כמו הגמל והפרה. לכן, מדוע התורה מכנה אותם "מעלי גרה" כאשר הם אינם כאלה?

עקרון תורני חשוב

התשובה לשאלות אלו מבוססת על עיקרון תורני חשוב. התורה אינה מגדירה את בעלי החיים כדרך שעושים הזואולגים, אלא לפי הסממנים הנראים לעין. התכונה הבולטת ביותר המאפיינת את העופות היא היכולת לעוף. לכן, יכולת העטלף לעוף היא תנאי מספיק כדי לכלול אותו ברשימת העופות בתורה. אמנם, קיימים עופות שאינם יכולים לעוף, כמו בת־היענה (המכונה בזמננו "יען"), אבל היות ויש לבת־היענה תכונות רבות אחרות המיוחדות לעופות, בת־היענה נמנית כעוף בעיני התורה.

מאותה סיבה, הלווייתן נחשב כדג לפי התורה, כיוון שהלווייתן חי בים

ולעולם אינו עולה על היבשה. וזאת, למרות שהלווייתן מוגדר כיונק בספרי הזואולוגיה. בהתאם לכך, הסיבה שאסור לאכול בשר לווייתן היא שאין ללווייתן סנפיר וקשקשת, הסימנים המאפיינים דג כשר.

העיקרון שהוזכר לעיל גם מסביר מדוע השפן והארנבת נחשבים בתורה כמעלי הגרה. בעלי החיים האלה עושים פעולות הנראות לעין כדומות לפעולותיהם של מעלי גרה. כפי שכתב הרב משה פיינשטיין: **"כל ענייני תורה נידנין כפי שרואים"** (אגרות משה, אבן העזר ג:לג).

שרצים קטנים

אותו עיקרון פותר בעיה שהתעוררה בזמן גילוי המיקרוסקופ לפני כשלוש מאות שנה. באמצעות המכשיר הזה, אפשר להבחין שהמים מלאים שרצים קטנטנים (חיידקים = microbes), והאדם בולע אותם בכמויות אדירות כאשר הוא שותה מים. האם שרצים אלה נחשבים מאכלים אסורים?

כל הפוסקים קבעו מיד שאין כאן בעיה הלכתית בכלל. היות ושרצים אלה הם קטנים כל־כך "שלא נראה לעין אלא על־ידי המקרוסקופ, אינם כלום" (אגרות משה, אבן העזר ג:לג). כתוב גם ב"ערוך השולחן": "לא אסרה תורה מה שאין העין שולטת בו... לאו כלום הם" (יורה דעה פד:לו).

עיקרון זה אינו פועל לקולא בלבד אלא אף לחומרא. על־מנת שדג יוגדר ככשר, הוא חייב להיות בעל קשקשים (ויקרא יא:יב). מה אם הקשקשים קטנים כל־כך עד שאין רואים אותם בלי זכוכית מגדלת? בעל "תפארת ישראל" (הרב ישראל ליפשיץ, מאה תשע עשרה) כתב: **"כל שאין נראה בלי זכוכית מגדלת, לאו נקרא קשקשת"** (עבודה זרה, פרק ב׳, משנה ו׳, בועז ג׳).

תפילין

דוגמא מעניינת במיוחד לעיקרון זה נמצאת בהלכות תפילין. בתי התפילין חייבים להיות מרובעים (שולחן ערוך, אורח חיים לב:לט). היות ובלתי־אפשרי לייצר בית שהוא מרובע בדיוק לחלקית המילימטר, כתוב באותו סעיף בשולחן ערוך שאם הבית **נראה מרובע לעין**, הוא כשר. חז"ל קבעו שאם הסטייה מריבוע היא פחות מאחוז אחד, אז אי־אפשר להבחין בעין שהבית אינו בדיוק מרובע, ולכן התפילין כשרים.

יש הגורסים שהיות ובזמן מתן תורה היה חוסר יכולת תכנית לבצע מדידה מדויקת, קבעו חז"ל שבתי התפילין הם כשרים למרות שהם סוטים במקצת מלהיות מרובעים. לפי גישה זו, היום, כאשר כן קיימת אפשרות לדייק

במדידות, עדיף תוך שימוש באמצעים טכנולוגיים להכין את בתי התפילין כדי שיהיו קרובים יותר לריבועים.

הרב משה פיינשטיין נשאל בנושא זה. דהיינו, האם יש להשתמש במכשירים טכנולוגיים מתקדמיים על־מנת להקטין את הסטייה מצורת הריבוע בבתי התפילין ולקרב אותם יותר לריבועים, כפי שלכאורה נדרש בהלכה?

על שאלה זו ענה הרב משה פיינשטיין שאין שום תועלת בזה (**"ליכא שום מעלה"**). אפילו אם הבית **"מעט יותר או מעט פחות"** מריבוע, הבית **נחשב כריבוע בדיוק** כי **"איך שנראה לעין, הוא הריבוע אף כלפי שמיא"** (אגרות משה, יורה דעה ב:קמו).

תשובתו של הרב משה פיינשטיין מציגה רעיון עמוק ונחרץ. הרב משה קבע שהדרישה ההלכתית לגבי צורת בתי התפילין אינה מתייחסת לעובדות **גיאומטריות**. הדרישה ההלכתית מבוססת על יכולת ראייה של אדם, ללא שימוש במכשירים טכנולוגיים. זאת אומרת, דרישת ההלכה היא **סוביקטיבית ולא גיאומטרית**. לכן, אם בתי התפילין **נראים מרובעים לעין**, הם מקיימים את ההלכה **במלואה** ואין מה לשפר. לכן, הדגיש רב משה ש**"ליכא שום מעלה"** לקרב את מידות הבתים לריבועיות גיאומטרית, כי הבתים כבר ריבועים **"כלפי שמיא."**

סיכום

הקו המנחה בכל הדוגמאות הנ"ל הוא שמצוות התורה נועדו ליהודים החיים בעולם הנראה לעין. **"המצווה הזאת אשר אנוכי מצווך היום...לא בשמים היא...ולא מעבר לים היא"** (דברים ל:יא-יג).

12

"למטה ראובן, שישה וארבעים אלף וחמש מאות" מספרים בתורה

ש מותיהם של חומשי התורה לא נקבעו על־פי תוכנם אלא על־פי אחת
   המילים הראשונות שבה נפתח הספר. השם של הספר הרביעי, במדבר,
נקבע מן הפסוק הראשון בספר: **"וידבר ה' אל משה במדבר סיני באוהל מועד"**
(במדבר א:א). אבל בשפות אחרות, שם החומש נקבע על סמך תוכנו. למשל,
באנגלית ספר "במדבר" מכונה Numbers, דהיינו, **מספרים**, שם הולם במיוחד,
היות וספר במדבר מלא במספרים בנושאים שונים.

כאן נדון במספרים הקשורים למפקד בני ישראל. בספר במדבר מדווח
על שני מפקדים: הראשון התקיים בשנה השנייה לצאת בני ישראל ממצרים
(במדבר, פרק א), והשני התקיים בשנת הארבעים לצאת בני ישראל ממצרים
(במדבר, פרק כו).

מספר עגול של מאות

הפרשנים דנו בשאלות הקשורות למפקדים אלה, אך כאן נתרכז דווקא בשאלה
שלא זכתה לדיון בקרב פרשני התורה. מטרת המפקדים הייתה למנות את מספר
האנשים מעל גיל עשרים בכל אחד מהשבטים (מלבד שבט לוי). והפלא ופלא,
מספר האנשים ב־11 מתוך 12 השבטים היה מספר עגול של מאות. הסיכוי
שזה יקרה הוא זניח לחלוטין!

יש סיכוי של אחוז אחד בלבד שלשני שבטים יהיה מספר עגול של מאות,

סיכוי קטן אך אפשרי. אולם, **הסיכוי שמספרם של בני 11 שבטים היה מספר עגול של מאות הוא סיכוי של פחות מאחד מתוך מיליארדי מיליארדים!** הסיכוי שכך יקרה הוא אפסי לחלוטין. השאלה חריפה עוד יותר אם נביא בחשבון גם את המפקד השני (פרק כו), שגם בו מספר האנשים ב-11 שבטים היה מספר עגול של מאות. **הסיכוי שתופעה זו תתרחש פעמיים הוא רק אחד מתוך מיליארדי מיליארדי מיליארדים!** איך זה קרה?

הצעה לפתרון והקושי בהצעה

הועלתה הצעה לפתור את הבעיה על-ידי פירוש אחר של המילים **"אלף"** ו**"מאה"**. היות ומדובר במפקד למטרה צבאית ("כל יוצא צבא"), ייתכן שמדובר ביחידות צבאיות. דהיינו, "אלף" פירושו גדוד, ו"מאה" פירושו פלוגה, כאשר גדוד אחד כולל עשר פלוגות. כאשר מדובר באנשי צבא, טבעי לתאר את מספר האנשים בכל שבט לפי מספר גדודים ומספר פלוגות ולא לפי מספר חיילים. כתוב, לדוגמה, לגבי שבט ראובן (במדבר א:כא):

"פקודיהם למטה ראובן שישה וארבעים אלף וחמש מאות."

לפי פירוש זה, כוונת הפסוק היא ששבט ראובן סיפק לצבא בני ישראל 46 גדודים ועוד 5 פלוגות, ולא כתוב כלל מספר החיילים שהיו בשבט. פירוש זה מקבל תמיכה מהעובדה שלא ספרו את כל הזכרים בשבט אלא רק אלה מעל גיל 20 (**"מבן עשרים שנה ומעלה"**, א:יח), שהוא הגיל המתאים לצבא. פירוש זה יכול להסביר גם את מספר בני גד: **"חמישה וארבעים אלף ושש מאות וחמישים"** (א:כה). דהיינו, מלבד 45 גדודים ו-6 פלוגות, הייתה בשבט גד גם יחידה מיוחדת של 50 איש - אולי יחידת מודיעין או קומנדו או מזל"טים.

אולם, קיים קושי בפירוש זה. גם במפקד של שבט לוי (פרק ג), שבט שהיה פטור מצבא, מספר האנשים היה מספר שלם של מאות, הן במשפחת הגרשוני (7500), הן במשפחת הקהתי (8600), הן במשפחת המררי (2600). גם במפקד השני של שבט לוי (פרק כו), מספר האנשים היה מספר עגול של מאות (23,000). בנוסף, מספר בני לוי כלל גם ילדים מגיל חודש (ג:טו), גיל שאינו גיל צבא. לכן, מסיבות אלו, קשה לקבל את הפירוש שמדובר ביחידות צבאיות ולא במספר אנשים.

לסיכום, **הסיכוי שהיה מספר שלם של מאות בכל שלוש משפחות בני לוי (מפקד ראשון) ומספר עגול של אלפים (מפקד שני) הוא סיכוי אחד מתוך מיליארד - אפסי לחלוטין.**

הצעה אחרת לפתרון הבעייה: מספרים מעוגלים

אפשר להסביר מספרים הכתובים בתורה כמספרים מעוגלים, דהיינו, בשבט ראובן היו **בערך** 46,500 איש. אין לתורה שום עניין לכתוב את המספר המדויק של בני שבט ראובן. לכן, כתוב בתורה רק מספר המאות שהיו בכל שבט. גישה זו מקובלת מאוד בדיווח על אוכלוסיות. לפי גישה זו, אין הבדל בין מפקד שבט לוי למפקד שאר השבטים. גם מספרם של משפחות בני לוי היה מעוגל למספר מאות. בהרבה מקומות בתורה וגם בתנ"ך, מספר גדול מעוגל למאות שלמות או לאלפים שלמים. להלן דוגמאות לעיגול מספר.

- לגבי המפגש בין יעקב ועשו, כתוב: "**וישובו המלאכים אל יעקב לאמור, 'באנו אל אחיך, אל עשו, וגם הולך לקראתך וארבע מאות איש עימו'** " (בראשית לב:ו). אין כוונת המלאכים לומר שמספר אנשים עם עשו היה בדיוק 400, ולא 399 אנשים.
- לגבי מספר האנשים שהשתתפו במרד של קורח נגד משה רבנו, כתוב: "**ויקומו לפני משה ואנשים מבני ישראל חמישים ומאתיים**" (במדבר טז:ב). גם כאן, אין הכוונה לציין את המספר המדויק של המורדים.
- לגבי מספר האנשים שהומתו כעונש על המרד של קורח כתוב: "**ויהיו המתים במגפה ארבעה עשר אלף ושבע מאות** (יז:יד). גם כאן מספר המתים היה מעוגל למספר מאות.
- לגבי העונש על עבודה זרה בשיטים ("**ויחל העם לזנות אל בנות מואב... וישתחוו לאלהיהן**", כה:א-ב), כתוב: "**ויהיו המתים במגפה ארבעה ועשרים אלף**" (כה:ט). אין כוונת הפסוק לומר שמספר המתים היה בדיוק 24,000 איש, ולא 24,001 איש.
- במגילת אסתר כתוב: "**ובשושן הבירה הרגו היהודים ואבד חמש מאות איש**" (אסתר ט:ו). המספר מעוגל, והיהודים לא בהכרח הרגו בדיוק 500 איש, ולא 501 איש.
- במגילת אסתר גם כתוב: "**במדינות המלך נקהלו ועמוד על נפשם ונוח מאויביהם והרוג בשונאיהם חמישה ושבעים אלף**" (ט:טז). גם כאן, המספר מעוגל, הפעם למספר אלפים היות והמספר היה גדול יותר.

התנ"ך אינו משתמש בשיטת העיגול במספרי אנשים בלבד אלא גם במספרים אחרים. יש שאלה מפורסמת אודות כלי מיוחד בארמונו של שלמה

המלך - קערה הנקראת "**ים של שלמה.**" לגבי הקערה הזו כתוב **שקוטרה היה עשר אמות והקפה היה 30 אמות** (מלכים א' ז:כג). אולם, היה ידוע כבר בזמן שלמה המלך שהקף של עיגול אינו בדיוק פי־3 הקוטר אלא פי־3.14 ($= \pi$) מן הקוטר. לכן, אם קוטר ה"ים של שלמה" היה 10 אמות, הקפו היה מעל 31 אמות. אם כן, מדוע כתוב שהקפו היה רק 30 אמות?

הרלב"ג מתייחס לשאלה הזו על אתר וכותב שההקף הכתוב בספר מלכים (30 אמות) אינו מדויק אלא מעוגל, וזה לשונו: "**והנה אמרו (בספר מלכים) שקו שלושים אמה הוא על דרך קירוב.**"

אנו לומדים מכל הדוגמאות האלו שהתורה והתנ"ך בכוונה תחילה אינם מדייקים במספרים כאשר אין עניין של ממש במספר המדויק. "**דיברה תורה בלשון בני אדם.**"

13

"אם בחוקותי תלכו . . . ואם בחוקותי תמאסו . . . "
ברכות וקללות בתורה

פרשת "בחוקותי" מתארת את עתידו של עם ישראל. בפרשה הובטחו ברכות
רבות אם בני ישראל ילכו בדרך התורה, אבל גם הובטחו קללות קשות אם
בני ישראל יעזבו את התורה. הפרשה פותחת בברכות: **"אם בחוקותי תלכו . . . "**
(ויקרא כו:ג), וממשיכה בקללות: **"ואם בחוקותי תמאסו . . . "** (כו:טז). נדון
כאן בברכות ובקללות המוזכרות בפרשה.

הברכות

כאשר קוראים את רשימת הברכות, מתקבל הרושם שחלקן גוזמאות בעלמא,
והדבר עלול לגרום לקורא לחשוב שאין סיבה לצפות שהן תתממשנה. אבל
נראה שלא כך המצב. נתחיל את הדיון באחת הברכות הנראית מוגזמת
(כו:ז-ח):

"ורדפתם את אויביכם ונפלו לפניכם לחרב. ורדפו מכם חמישה, מאה,
ומאה מכם, רבבה ירדופו, ונפלו אויביכם לפניכם לחרב."

איך ייתכן שחמישה חיילים בלבד יתגברו על מאה חיילי אויב? אולם,
אירוע זה התרחש, ומאת החיילים שנפלו היו בין החיילים הטובים שבעולם!
לקראת סוף מלחמת העולם הראשונה, החלה התקפה אמריקאית מאסיבית
נגד הגרמנים. באזור מסוים נבלמה ההתקפה בגלל עמדה גרמנית שהייתה מוגנת

היטב על־ידי גדוד מקלענים. בין החיילים האמריקאים שהשתתפו בהתקפה היה צלף, רב־טוראי אלווין יורק. יורק החליט לתקוף **לבדו** את עמדת הגרמנים שבלמה את האמריקאים. הוא התקרב לקווי הגרמנים והחל לירות. הוא היה צלף מוצלח כל־כך עד שבכל כדור שירה, נהרג חייל גרמני נוסף. כאשר מספר ההרוגים הגרמנים הגיע ל־28, המפקד הגרמני נתן פקודה כללית להיכנע, וכל 132 החיילים הגרמנים שעדיין היו בחיים נכנעו ליורק. עבור פעולת הגבורה המדהימה הזאת, הועלה יורק לדרגת סמל והוענק לו העיטור הגבוה ביותר בצבא ארצות הברית, הלוא הוא Congressional Medal of Honor.

אנו רואים, איפוא, **שחייל אחד, רב־טוראי אלווין יורק, התגבר על יותר ממאה חיילי האויב**. הישגו אפילו עולה על הברכה בתורה. בהיותו אדם מאמין, הסביר יורק את מעשיו הגבורה במילים אלו: "**כוח עליון שמר עלי, כיוון אותי, ואמר לי איך להילחם**."

אירוע דומה התרחש גם בצה"ל. במלחמת יום הכיפורים, בלילה הראשון הנורא בחזית הסורית, ארגן סרן צביקה גרינגולד שלושה טנקים, שקיבלו ברשת את כינוי "כוח צביקה," שיצא להילחם נגד הסורים. תוך זמן קצר, נפגעו שניים מהטנקים האלה, ו"כוח צביקה" נשאר עם טנק אחד בלבד. עקב התוהו ובוהו ששררו במפקדה באותו לילה, חשבו במפקדה ש"כוח צביקה" כולל מספר ניכר של טנקים, ונתנו לו פקודות לחימה בהתאם. במהלך שעות הלילה, "כוח צביקה" השמיד טנק סורי אחר טנק סורי, בנוסף לכלים סוריים אחרים. כשחזר גרינגולד בבוקר למפקדה, התברר למפקדים, לתדהמתם המוחלטת, **ש"כוח צביקה" היה טנק אחד בלבד**. עבור הפעולה הנועזת הזאת, הוענק לסרן צביקה גרינגולד עיטור הגבוה ביותר בצה"ל, הלוא הוא העיטור "**גבורה**."

הקללות

גם ברשימת הקללות קיימות דוגמאות הנראות גוזמאות בעלמא, ולכן הקורא אולי יחשוב שאין צורך לחשוש מהן. אחת הקללות שנראית בלתי־אפשרית בעליל היא כדלהלן (ויקרא כו:לו-לז):

"והבאתי מורך בלבבם בארצות איביהם, ורדף אותם קול עלה נידף ונסו מנוסת חרב, ונפלו, ואין רודף. וכשלו איש באחיו כמפני חרב, ורודף אין."

איך ייתכן שחיילים מנוסים יברחו בפאניקה למרות שאין אויב הרודף אחריהם, ובבריחתם אף יהרגו זה את זה!? אירוע כזה נשמע בלתי־אפשרי לחלוטין. אך, בדיוק דבר כזה התרחש, ולא מדובר בצבא של מדינה נחשלת מהעולם השלישי, אלא בצבא ארצות הברית!

בנובמבר 1979, חטפה ממשלת איראן את 53 אנשי הצוות בשגרירות ארצות הברית בטהרן. נשיא ארצות הברית דאז, ג'ימי קרטר, הורה לצאת למבצע צבאי (Operation Eagle Claw) לשחרר את בני הערובה, בתקווה שהמבצע יצליח כמו זה של צה"ל, ששחרר את בני הערובה באנטבה בשנת 1976. המבצע של הצבא האמריקאי יצא לפועל באפריל 1980.

לפי התוכנית, אמור היה כוח קומנדו מפורסם, כוח דלתא (Delta Force), לחדור לאיראן, לתקוף את השגרירות ולשחרר את החטופים. אולם הכול הסתבך, והתוצאה הייתה הרת אסון. מטוסי הרקולס היו אמורים להטיס את כוח הקומנדו למדבר בתוך איראן ולהשאיר שם את הכוח במשך הלילה. אז, למחרת בבוקר, שמונה מסוקים היו אמורים להטיס את כוח דלתא מהמדבר לשגרירות בטהרן לקראת המתקפה לשחרור את בני הערובה.

לרוע המזל, שלושה מסוקים יצאו מכלל פעולה, ולכן הוחלט לבטל את המבצע. המפקדים של הכוח במדבר חששו להתגלות על־ידי האיראנים, ולכן מיהרו לעזוב את המקום קודם עלות השחר. **בגלל הפחד והחיפזון, התנגש מסוק אחד במטוס הרקולס** שנשא הרבה מיכלי דלק לצורך תדלוק המסוקים. **ההרקולס המלא דלק התפוצץ יחד עם המסוק, ושמונה חיילים אמריקאים נהרגו.** החיילים שנותרו עלו על מטוסי ההרקולס האחרים וברחו, והשאירו אחריהם את כל שאר המסוקים ואת גופות שמונה החיילים האמריקאים ההרוגים שנפלו שלל בידי האיראנים.

לסיכום, החיילים האמריקאים היו באיראן ("**בארץ אויביהם**"), אך לא היה כל חייל איראני באזור ("**ורודף אין**"). החיילים היו מלאי פחד וברחו בפאניקה ("**והבאתי מורך בלבבם...ורדף אותם קול עלה נידף ונסו מנוסת חרב**"). שמונה חיילים אמריקאים נהרגו במהלך הבריחה למרות שלא היה שם אף חייל איראני ("**וכשלו איש באחיו כמפני חרב, ורודף אין**"). אירוע טראגי זה מדגים שהקללות המוזכרות בתורה הן מציאותיות ועלולות להתרחש.

כתוב על קללה נוספת הנראית לכאורה כבלתי־מציאותית: "**ואכלתם בשר בניכם, ובשר בנותיכם תאכלו**" (כו:כט). קשה לדמיין מצב שבו אדם היה אוכל את הגוף של אדם אחר. אולם גם קללה זו התרחשה, ולא אצל שבט פרימיטיבי במרכז אפריקה, אלא בעולם הנאור.

באוקטובר 1972, במהלך טיסה מאורוגוואי לצ'ילה, התרסק מטוס נוסעים בהרי האנדים. בהתרסקות המטוס נהרגו 12 נוסעים ונשארו בחיים 33 נוסעים ואנשי צוות. מכשירי הקשר נהרסו, ולכן לא הייתה אפשרות לנוסעים לדווח על מיקום מטוסם ההרוס. בלילה הקר מאוד של הרי האנדים, ירדה הטמפרטורה ל־30 מעלות מתחת לאפס, ובתוך ימים ספורים אזל האוכל. בעקבות הקור הנורא ובהעדר מזון, החלו האנשים למות בזה אחר זה. אחרי כמה ימים, כאשר

המצב הלך והחמיר, החליטו האנשים שעדיין היו בחיים **לאכול את בשר גופותיהם של המתים**. וכך הם עשו במשך חודשיים עד שסוף סוף, ניצלו 16 האנשים שעדיין שרדו.

אירועי הישועה וההצלה ואף האירועים הטראגיים מעידים שהברכות והקללות המוזכרות בתורה, גם אלו שנראות קיצוניות ביותר, אינן סתם גוזמאות, אלא עשויות ועלולות להתרחש. **יהי רצון שנזכה ללכת על-פי חוקי התורה, ולהנות רק מברכותיו של הקב"ה.**

14

"בלילה ההוא, נדדה שנת המלך"
הניסים הנסתרים בחג הפורים

קיימים שני סוגי ניסים - נס גלוי ונס נסתר. בפרק זה, נדון בניסים הנסתרים
שמתוארים במגילת אסתר. כידוע, שמו של הקב"ה אינו מוזכר במגילת
אסתר. אולם, השפעתו של הקב"ה על מהלך האירועים אכן מופיעה באמצעות
שני ניסים נסתרים. כדי לגלות את השפעתו של הקב"ה בפסוקים, נדרש עיון
מדוקדק באירועים המתוארים במגילה.

לכאורה העלילה במגילת אסתר היא פשוטה. כאשר היהודים בצרות עקב
גזירות המן, אסתר המלכה היפה והאהובה פונה אל המלך לבטל את גזירות
המן, ואמנם כך המלך עושה. הוא גם נותן פקודה לתלות את המן על העץ
והיהודים ניצלים מהשמדה.

אולם, שאלות רבות עולות מן העלילה במגילה.

שאלות

- מדוע ציווה המלך להרוג את המן? כנראה, התשובה נמצאת בהאשמות
אסתר כנגדו (ז:ג-ד):

"ותען אסתר...'כי נמכרנו אני ועמי להשמיד להרוג ולאבד' "

אסתר העלתה שתי האשמות כנגד המן.

ההאשמה הראשונה: המן יגרום להריגת המלכה כתוצאת מגזרתו.

אך, אי-אפשר להאשים את המן בכך שהוא התכוון להרוג את אסתר,
שכן הוא לא ידע שהיא יהודייה. אפילו המלך עצמו לא ידע שאסתר

יהודייה. שהרי לפי בקשת מרדכי, הסתירה אסתר את יהדותה, ככתוב (ב:כ): ״אין אסתר מגדת מולדתה ואת עמה.״

ההאשמה השנייה: **כוונת המן להשמיד את העם היהודי כולו.**

השמדת העם היהודי כלל לא נחשבה פשע בעיני המלך. אדרבה, כאשר ביקש המן רשות להשמיד את כל היהודים (״**אם על המלך טוב... ייכתב לאבדם**״, ג:ט), מיד הסכים אחשורוש לרעיון, ואפילו אמר להמן: ״**והעם (היהודי) לעשות בו כטוב בעיניך**״ (ג:יא). יתרה מזו, המלך היה שותף מלא בכל ההכנות להשמדת היהודים, ככתוב (ג:יב־ טו):

> ״ויקראו סופרי המלך...וייכתב ככל אשר צוה המן אל אחשדרפני המלך... בשם המלך אחשורוש נכתב ונחתם...הרצים יצאו דחופים בדבר המלך״

ולבסוף, כאשר הכול מוכן להשמדת העם היהודי כולו, המלך חגג בחברת המן את התכנית שתבטיח שלא יישאר אפילו יהודי אחד במלכות פרס ומדי: ״והמלך והמן ישבו לשתות״ (ג:טו).

רואים, איפוא, שבעיני המלך לא היה בהכרזתה הדרמטית של אסתר כל יסוד להאשים את המן, הפקיד הבכיר של המלך, שכל כוונתו הייתה לשרת את מלכו ולקדם את ענייני המלכות. לכן, השאלה חוזרת ביתר שאת: מדוע החליט המלך להרוג את המן?

• מהי חשיבותו של הפרק הראשון במגילת אסתר? בפרק זה מתוארים המשתאות של המלך אחשורוש ושל המלכה ושתי, והריב שפרץ ביניהם שהסתיים בהעברת ושתי מתפקיד המלכה. לכאורה, אין לנו כל עניין בפרטים של עלילה זו - ריב בין מלך לא־יהודי לבין מלכה לא־יהודיה, שלא השפיע כלל על המשך הסיפור.

הנקודה היחידה השייכת לענייננו בעשרים ושניים פסוקי הפרק הראשון היא שמשרת המלכה התפנתה. די במספר במילים בלבד להעביר את המידע הזה.

• כמו כן, מהי חשיבותם של שישה עשר הפסוקים הראשונים של הפרק השני במגילת אסתר? בפסוקים אלה מתואר בפרטי פרטים תהליך בחירתה של המלכה החדשה, כולל פרטים אשר לכאורה אינם הולמים ספר קודש, כגון ההכנות הקוסמטיות של המועמדות לתפקיד המלכה החדשה לקראת הלילה עם המלך. הנושא היחיד השייך לענייננו הוא שאסתר נבחרה כמלכה, ולכך די בפסוק אחד בלבד.

- כמו כן, מהי חשיבותו של הפרק השישי במגילת אסתר? בפרק זה מתוארת השתלשלות המאורעות בלילה שבו המלך מתקשה להירדם ("**בלילה ההוא, נדדה שנת המלך**"). כאשר המלך מגלה שמרדכי הציל את חייו, המלך מצווה על המן להלביש את מרדכי בלבוש מלכות, להרכיבו על סוס המלך ברחוב העיר, ולקרוא בפניו: "**ככה ייעשה לאיש אשר המלך חפץ ביקרו**" (ו:ט).

  כולנו אוהבים את הפרק הזה שבו מתואר איך האיש הרשע, המן, חייב לשבח ברבים את הגיבור, מרדכי. אולם, אחרי כל האירועים הללו, מרדכי והמן חוזרים כל אחד למקומו ("**וישב מרדכי אל שער המלך והמן נדחף אל ביתו**", ו:יב) והסיפור ממשיך כאילו לא קרה כלום. למעשה, **האירועים המתוארים בפרק השישי אינם משפיעים כלל על המשך הסיפור**. אפשר אפילו להוציא את הפרק השישי בשלמותו מהמגילה מבלי להרגיש שחסר דבר. הפרק השביעי ממשיך את הסיפור באופן רציף אחרי הפרק החמישי. לכן, חוזרת השאלה: מה חשיבותו של הפרק השישי במגילה?

- מדוע אסתר חששה כל־כך מלמלא את בקשתו של מרדכי ללכת אל המלך ולהתחנן לפניו על הצלת היהודים? והלוא, לאחר שמרדכי לחץ עליה והיא התייצבה לפני המלך, **המלך אמר לאסתר מיד**, בלשון נדיבה ביותר, שהוא יעשה את כל שהיא תבקש (ה:ג):

> "ויאמר לה המלך, מה לך אסתר המלכה ומה בקשתך, עד חצי המלכות ויינתן לך."

המלך חזר על מילים אלו פעמיים נוספות (ה:ו, ז:ב). לכאורה, לא הייתה שום בעיה בכלל עבור אסתר לקבל את הסכמתו של המלך לבטל את גזרת המן להרוג את כל היהודים. לכן, חוזרת השאלה: מדוע סירבה אסתר ללכת אל המלך ולבקש רחמים על היהודים?

שלוש הנקודות העיקריות

התשובות לכל השאלות הללו יסודן בשלוש נקודות עיקריות, ואלו הן:

- מעמדו הרם של המן בעיני המלך.
- מעמדה הנחות של אסתר בעיני המלך.
- חשיבות התכנית להשמיד את כל היהודים בעיני המן.

מעמדו הרם של המן

על מעמדו הרם של המן בעיני המלך כתוב במפורש במגילה (ג:א-ב):

"אחר הדברים האלה, גידל המלך אחשורוש את המן בן המדתא האגגי
וינשאהו, וישם את כסאו מעל כל השרים, וכל עבדי המלך אשר בשער
המלך כורעים ומשתחוים להמן, כי כן ציווה לו המלך."

וכתוב עוד (ג:י):

"ויסר המלך את טבעתו מעל ידו, ויתנה להמן."

הסמכות שטבעת המלך מעניקה אינה כתובה במגילת אסתר, אך היא כן
כתובה בספר בראשית. לאחר שיוסף פתר את חלומות פרעה, מסר פרעה את
טבעתו ליוסף ואמר: **"ובלעדיך לא ירים איש את ידו ואת רגלו בכל ארץ
מצרים"** (בראשית מא:מד). רואים, איפוא, שמסירת טבעת המלך לאדם מעניקה
לו סמכויות בלתי-מוגבלות.

חשיבות תכניתו להשמיד את כל היהודים בעיני המן

מה ירוויח המן מהשמדת כל היהודים במלכות פרס ומדי? **כלום!** לא זו בלבד
שהמן אינו מרוויח, המן אפילו מוכן לשלם למלך סכום עתק - **עשרת אלפים
כיכר כסף** - עבור הסכמתו של המלך לאפשר להמן להשמיד ולהרוג את כל
היהודים.

חשוב לשים לב לתגובת המן כאשר הוא עזב את המשתה הראשון של אסתר
וראה את מרדכי יושב בשער המלך. המן התמלא בכעס ובקושי התאפק עד
שהגיע לביתו. שם, הוא התגאה בעשרו, וסיפר איך המלך גידל אותו מעל כל
השרים האחרים, ועל הזמנתו המלכותית למשתה הפרטי עם המלך והמלכה
(ה:יא-יג). המן הדגיש שהוא השיג את כל מה שיכול אדם לחלום עליו בחיים.
אז ממשיך המן ואומר את המילים הבאות: **"וכל זה איננו שווה לי בכל עת
אשר אני רואה את מרדכי היהודי"** (ה:יג). כך מדבר אדם הראוי לתואר,
אנטישמי ושונא יהודים.

מעמדה הנחות של אסתר

על מעמדה הנחות של אסתר לומדים מהפרק השני במגילה, ששם תואר כיצד
המלך בחר את מלכתו. ברור מהפרק השני שאסתר הייתה מעין פילגש ראשית

של המלך, ותו לא. מעמדה הנחות של אסתר מקבל משנה תוקף מהעובדה
שגם על אסתר המלכה חל החוק הדרקוני (ד:יא):

"כל איש ואשה אשר יבוא אל המלך אל החצר הפנימית אשר לא ייקרא,
אחת דתו להמית."

סירובה של אסתר ללכת למלך לבקש רחמים על היהודים

מהכתוב לעיל, אפשר להבין את תשובת אסתר למרדכי וסירובה בתוקף לבוא
אל המלך ולבקש ממנו לבטל את גזירות המן. כך אומרת אסתר למרדכי
(ד:יא):

"ואני לא נקראתי לבוא אל המלך זה שלושים יום."

כוונת אסתר היא שאחרי שלושים ימי התעלמות ממנה, התייצבותה לפני המלך
בבקשה לבטל את תכניתו החשובה כל-כך של השר הבכיר אינה אלא מעשה
התאבדות. ולכן, אסתר סירבה. אך בסופו של דבר, אסתר הסכימה בגלל הלחץ
של מרדכי, ולקחה על עצמה את המשימה להצלת העם היהודי.

חשוב לציין שאסתר מבצעת את משימתה מבלי להתייחס כלל להצעת
מרדכי לפנות ישירות למלך ולהתחנן לפניו לרחם על היהודים. הצעה זו של
מרדכי נדונה לכישלון. אסתר הבינה שכל עוד המן נהנה ממעמדו וממלוא
השפעתו, היהודים אבודים. תחילה יש לחסל את המן, ורק אז ייווצרו התנאים
שיתאפשרו פנייה למלך לבקש רחמים על היהודים. בראייה ברורה זו, יוזמת
אסתר תכנית נועזת ומבריקה לחיסול המן. אין לנו אלא להביע השתוממות
והערצה נוכח אומץ ליבה של אישה גיבורה זו, היוצאת **לבדה** למערכה מול
הדמות הכוחנית והעוצמתית ביותר במלכות פרס.

תכנית אסתר לחיסול המן: האסטרטגיה

תכניתה של אסתר לחיסול המן מבוססת על ניצול תכונותיו של המלך,
המתוארות בפרק הראשון. מסיפור הדחת ושתי אנו לומדים שהמלך זועם
מפגיעה שהוא מפרש כפגיעה אישית, וכשהמלך זועם הוא מסוגל להגיע
להחלטות מרחיקות-לכת וחסרות שיקול דעת. לאחר שחמתו שככה, אפילו אם
המלך מתחרט על החלטתו הפזיזה, הוא לעולם לא יבטל את החלטתו בגלל
העיקרון שאת גזירות המלך אין להשיב (ח:ח). לכן, תכניתה של אסתר היא
לחזור על מה שאירע בפרשת ושתי, כשתפקיד ושתי מיועד להמן, בתקווה

שסופו של המן יהיה כסופה של ושתי. אם כן, הפרק הראשון הינו היסוד לתכניתה של אסתר לחיסול המן, ובזה חשיבותו.

אסתר מבינה שבעיני המלך, המן חשוב הרבה יותר ממנה. כל שיקול רציונאלי יביא את המלך להעדיף את המן על אסתר. לכן, אסתר זוממת להסית את המלך נגד המן ולגרום למלך התרגזות כה גדולה, עד שיפעל נגד המן באופן פזיז לפני שהמן יצליח להגן על עצמו.

אסתר מממשת את תכניתה בכישרון רב. היא מעוררת מחדש את אהבת המלך, רגשותיו וסקרנותו על־ידי הופעתה בחצר הארמון ללא הזמנה ובסיכון עצמי (ד:יא). אסתר מזמינה את המלך והמן למשתה, ובמהלך המשתה היא מזמינה אותם למשתה שני שבו אסתר תגלה למלך את בקשתה (ה:ח). אהבתו של המלך לאסתר מתעוררת מחדש בעוד שהמן אינו חש בדבר. המלכודת מוכנה.

תכנית אסתר לחיסול המן: הכישלון

במשתה השני מתרחשים המאורעות החשובים ביותר במגילה. בנוכחות המלך, אסתר פותחת בעימות גלוי עם המן ומאשימה אותו בכוונה להרגה. כל ההכנות המדוקדקות שעשתה אסתר הופנו להכנת הרקע לעימות זה. הרגעים הבאים גורליים. לכן, עלינו לעיין בקפדנות בשרשרת המאורעות הקשורה בעימות הזה, כפי שהם מתוארים במגילה.

בתחילה, הכול מתנהל לפי התכנית. ההאשמה הדרמטית של אסתר מצליחה אפילו מעבר לציפיותיה. המלך זועם ואילו המן נכנס לבהלה (ז:ו). אך לפתע, התכנית משתבשת. המלך אינו עושה דבר למרות כעסו הרב, וגרוע מזה - המלך עוזב את המשתה ויוצא אל הגינה (ז:ז). בשל כך, אסתר מאבדת שליטה באירועים. תכניתה של אסתר נכשלה.

עם כל רגע שעובר, יירגע המלך. ואם הוא יתחיל לחשוב על המצב באופן רציונלי, יבין המלך שאין לו סיבה לכעוס על המן. תכניתו של המן להרוג את היהודים בוודאי אינה פשע בעיני המלך. בנוסף, להמן לא הייתה כל סיבה להעלות על דעתו שאסתר היא יהודייה ומתוך כך תיפגע מגזירותיו. לכן, כאשר המלך יירגע קצת, הוא יגיע למסקנה שאסתר היא שהוליכה אותו שולל וכעסו יופנה אליה.

לפתע, מתוך בהלה מוחלטת, המן שוגה. בגלל בהלתו, הוא חש דחף להגן על עצמו ואינו מבין שהטוב עבורו הוא לא לעשות דבר, אלא לחכות עד שהמלך יירגע וישוב מהגינה. המן אינו מבחין שהסכנה העיקרית כבר חלפה ברגע שהמלך עזב את המשתה בלי לתת פקודה כלשהי נגדו. המן שוגה כפליים

כשהוא פונה לאסתר לבקש ממנה רחמים (ז:ז). הרי היה על המן לבקש רחמים מהמלך שרומם אותו ואוהב אותו, ולא מאסתר השונאת אותו וזוממת לחסלו. אבל בגלל הבהלה העמוקה שאסתר גרמה לו, המן הרגיש שעליו לפעול **מיד** להגן על עצמו. היות ורק אסתר נמצאת באולם המשתה ואילו המלך בחוץ בגינה, פונה המן לאסתר. אבל לעת עתה, המן רק שגה ותו לא.

הנס הנסתר הראשון

כעת קורה מאורע בלתי־צפוי לחלוטין, הגורם מפנה בתכנית אסתר. **באירוע זה אפשר לראות נס משמים.** המלך שב מהגינה, רואה את המן מתחנן על חייו לפני אסתר, **ובטעות המלך מפרש** את נפילתו של המן על מיטת אסתר כניסיון לכבוש אותה (**"הגם לכבוש את המלכה עמי בבית"**, ז:ח)! זעם המלך עובר כל גבול. וכך, שגיאתו של המן בהתחננו על חייו לפני אסתר נהפכת לאסון עבורו. חשוב להדגיש **שזאת הפעם הראשונה** שהמן מואשם במעשה שבאמת נחשב לפשע בעיני המלך - פלישה אינטימית כנגד בת־זוגו של המלך.

תקוותיה של אסתר מתעוררות מחדש. אך המלך עדיין אינו פועל נגד המן - אין מתקבלת כל החלטה, ואף פקודה לא נמסרה מאת המלך. המן עדיין עלול להיחלץ מן הסבך. בל נשכח את מעמדו הרם בעיני המלך.

הנס הנסתר השני

לפתע מתרחש עוד מאורע בלתי־צפוי, **שגם בו אפשר לראות נס משמים** - התערבותו של חרבונה, אחד מסריסי המלך. בכישרונו, מעריך חרבונה במהרה את המצב ומנצל את ההזדמנות שנוצרה כדי להעלות האשמה חדשה נגד המן. חרבונה מאשים את המן בתכנון להרוג את מרדכי (ז:ט). הלוא רק אמש, התרשם אחשורוש עמוקות מסיפור הצלתו על־ידי מרדכי, וכאות להכרת תודה עמוקה, המלך ציווה **בו במקום** לגמול למרדכי ברבים על מעשהו. והנה, **שעות ספורות בלבד לאחר מכן**, שומע המלך **לראשונה** את החדשות המרעישות שהמן מתכוון להרוג דווקא את האיש שהמלך חב לו את חייו. עוד מוסיף חרבונה שעץ התלייה עבור מרדכי מוכן בחצרו של המן (ז:ט). המלך תופש מיד את הרמז הברור שעד כמה זה יהיה מתאים לתלות את המן - הרשע הזה שגם ניסה לאנוס את המלכה וגם התכוון להרוג את האיש שהציל את חייו - על אותו העץ אשר הכין למרדכי. זהו המפנה שיצר חרבונה בכשרון רב, ואשר סוף סוף דחף את המלך לצוות על תליית המן - והיהודים ניצלו.

ראוי להדגיש שהפשע האמיתי של המן - ניסיונו להשמיד ולהרוג את כל

היהודים במלכות פרס ומדי – לא השפיע כלל על החלטת המלך. גישת המלך כלפי גורל היהודים הייתה אדישה לחלוטין לאורך כל הדרך.

הישועה

המטרה הסופית של תכניתה של אסתר התממשה, אבל לא לפי המתכונת של אסתר. ההאשמות של אסתר כנגד המן מתבררות כבלתי-מספיקות להניע את המלך להוציא את המן להורג. פקודת המלך לתלות את המן התרחשה רק בעזרת התערבותו הסמויה של הקב"ה. אבל אין בזה כדי לגרוע מתרומתה החשובה של אסתר לנפילתו של המן. הלוא אסתר היא שהביאה לבהלתו הרבה של המן שבגללה שגה את השגיאה הכפולה שהובילה לחיסולו. אסתר היא שעוררה את חמת המלך על המן וכך אפשרה לחרבונה להשפיע על המלך לפעול. הכשרון, האומץ והנחישות של אסתר אינם מוטלים בספק. אבל בכל אלה, לא היה די. ההשגחה העליונה הביאה להצלחת התכנית. המסר הנוקב של מגילת אסתר הוא **שישועה באה על-ידי שילוב של מאמץ האדם עם עזרת הקב"ה.**

15

"נר איש וביתו"
הנס הגלוי בחג החנוכה

נס חנוכה היה נס גלוי. אחרי הנצחון של המכבים על המתייוונים, החשמונאים נכנסו לבית המקדש ומצאו שהכול טמא מלבד פך שמן אחד שנשאר סגור בחותמו של הכהן הגדול, ככתוב (שבת כא:ב):

"ולא היה בו (בפך השמן) אלא להדליק יום אחד, נעשה בו נס והדליקו ממנו שמונה ימים."

לזכר נס גלוי זה, קבעו חז"ל את המצווה להדליק נרות בכל בית יהודי במשך שמונת ימי חג החנוכה.

ישנם הבטים משונים בקיום מצוות הדלקת נרות חנוכה, שבהם נדון כאן.

כמה נרות מדליקים כל לילה בימי חנוכה? עיקר הדין

ההנחה הבסיסית היא שבכל יום בחנוכה יש להדליק נרות כמספרו של אותו יום בחג. למשל, בליל חמישי של חנוכה, יש להדליק חמישה נרות. אולם, ההלכה היא אחרת. למן הדין, בליל חמישי של חנוכה, כמו בכל לילות חנוכה, **חייבים להדליק נר אחד בלבד**, ככתוב בתלמוד (שבת כא:ב) "**נר איש וביתו.**"

כמה נרות מדליקים כל לילה בימי חנוכה? הידור מצווה

האם מדליקים חמישה נרות בליל חמישי של חנוכה לשם הידור מצווה? אפשר לחשוב שלמרות שמן הדין, די בנר אחד בלבד בכל לילה, אך כדי להדר במצוות נר חנוכה, מדליקים חמישה נרות. אולם, גם הנחה זו אינה נכונה. כתוב בתלמוד

(שם) שהידור מצווה מתבטא בהדלקת מספר נרות כמספר בני הבית ("**נר לכל אחד ואחד**") ואותו מספר כל לילה.

כמה נרות מדליקים כל לילה בימי חנוכה? מהדרין מן המהדרין

אם כן, מה מקור הנוהג להדליק נר אחד בלילה הראשון ולהוסיף נר נוסף בכל לילה? מוסבר בתלמוד (שם) שנוהג זה הוא לשיטת "**מהדרין מן המהדרין.**" לדוגמה, במשפחה של שש נפשות, מדליקים שישה נרות בלילה הראשון, 12 נרות בלילה השני וכו', עד שבלילה האחרון של חנוכה, **מדליקים 48 נרות, אף שעיקר המצווה הוא נר אחד בלבד**, גם בלילה השמיני של חנוכה וגם בלי התייחסות למספר הנפשות במשפחה!

אין אח ורע בכל המצוות להידור במידה כה רבה. בדוגמה לעיל, ההידור הוא פי־48 ממה שדרוש לפי עיקר הדין! הדלקה על־פי שיטת "מהדרין מן המהדרין" אפילו נהפכה לנורמה, כך שרוב היהודים אפילו אינם מודעים לכך שכל הנרות שמדליקים אחרי הנר הראשון הם אך ורק בגדר של הידור מצווה.

זאת ועוד. קיימת מחלוקת ידועה בין בית הלל לבית שמאי באשר למספר הנרות שיש להדליק בכל לילה (לעלות במספר או לרדת במספר). המחלוקת המפורסמת הזו אינה נוגעת לקיום מצוות נר חנוכה וגם לא להידור המצווה, **אלא למהדרין מן המהדרין במצווה**! לכן, נשאלת השאלה, מהי הסיבה להפרזה גדולה כל־כך בהידור דווקא במצוות נרות חנוכה?

שאלה נוספת: מדוע חג החנוכה ממשיך שמונה ימים?

על־מנת להסביר את ההפרזה בהידור מצוות נר חנוכה, חייבים לדון קודם בשאלה אחרת מפורסמת: מדוע מדליקים נרות במשך שמונה לילות חנוכה ולא רק במשך שבעה לילות, הלוא כתוב בתלמוד (שם) שהיה מספיק שמן בפך שהמכבים מצאו עבור יום אחד ("**לא היה אלא להדליק יום אחד**")? לכן, הנס חל רק במשך שבעת הימים הנוספים. לשאלה זו יש מגוון עצום של תשובות, ובחיבורו "המועדים בהלכה," מביא הרב שלמה יוסף זווין עשר תשובות שונות. התשובה המעניינת ביותר, ולדעתי גם הנכונה, היא התשובה של רב אחא גאון, הטוען (שאילתא כו) שנפלה טעות בנוסח התלמוד, והנוסח הנכון הוא: "**לא היה בו להדליק אפילו ליום אחד.**" היות ולא היה מספיק שמן אפילו ללילה אחד, גם בלילה הראשון התרחש נס, ולכן קבעו להדליק נרות במשך שמונה ימים.

איך אפשר לקבוע כמה שמן היה בפך שמצאו המכבים בבית המקדש לפני אלפיים שנה? דהיינו, האם הייתה כמות מספקת של שמן ללילה אחד או לא? נראה שאפשר.

תפקידו של הכהן הגדול לא כלל את הדלקת המנורה בבית המקדש. הדלקת המנורה נעשתה לפי גורל בין כהני "בית אב" (בכל שבוע היה משמר של כהנים שחולק לשישה "בתי אב," אחד לכל יום בשבוע מלבד שבת). אם לא לצרכי המנורה, מה עשה הכהן הגדול בשמן זית?

הכהן הגדול היה מצווה להביא קרבן מנחה בכל יום, וקרבן זה כלל שמן, ככתוב "**בשמן תיעשה**" (ויקרא ו:יד), וגם כתוב כך ברמב"ם (הלכות מעשה הקרבנות יג: ב-ד). לכן, לכהן הגדול היה שמן זית עבור קרבן המנחה הזה. כמות השמן הדרושה לקרבן מנחה תלויה בסוג המנחה. לרוב נדרש לקרבנות המנחה לוג שמן אחד, אבל לקרבן מנחה של הכהן הגדול, דרושים **שלושה לוגים** (רמב"ם, שם). יוצא, איפוא, שפך השמן של הכהן הגדול הכיל שלושה לוגים, כנדרש לקרבנו. וכמה שמן דרוש עבור המנורה? כתוב במשנה (מנחות יג:ג) שכל "נר" (הכוס במנורה שמכילה את השמן) הכיל חצי לוג שמן. לכן, **לשבעת הנרות במנורה דרושים שלושה וחצי לוגים של שמן בכל לילה**. היות ובפך השמן של הכהן הגדול היה **שלושה לוגים בלבד**, מתברר שלא היה מספיק שמן בפך אפילו ללילה אחד.

הקשר בין פך השמן להידור מצווה

עתה נבחן מה הקשר בין פך השמן של הכהן הגדול לבין הידור מצווה. השמן הדרוש עבור קרבן מנחה הוא **שמן זית**, ואילו השמן הדרוש עבור המנורה הוא **שמן זית זך** (מנחות ח:ד). נהוג לכבוש זיתים כמה פעמים על-מנת להוציא כל טיפה של שמן שבתוכם, כאשר טיב השמן יורד עם כל כבישה נוספת. שמן זית זך הוא השמן היוצא בכבישה הראשונה של הזיתים, והוא השמן האיכותי ביותר. כאשר כובשים את הזיתים פעם שנייה ושלישית, יוצא שמן באיכות פחות טובה. שמן זית שאינו זך כשר עבור קרבן מנחה, אבל פסול למנורה.

מכאן יש לשאול: מה התועלת בשמן זית שמצאו המכבים בפך שמן של הכהן הגדול? השמן הדרוש עבור קרבן מנחה הוא שמן זית רגיל, ולא זך, ולכן הוא חסר ערך עבור המנורה. אמנם אין חובה להשתמש בשמן זית זך לקרבן מנחה, אבל יש בזה הידור מצווה. וידוע שהכהן הגדול היה נוהג להדר במצוותו של קרבן מנחה ולהשתמש בשמן זית זך בלבד. לכן, כאשר מצאו את פך השמן עם חותמו של הכהן הגדול, ידעו שבתוך הפך יש שמן זית זך, ושמן זה מתאים גם למנורה.

יוצא, איפוא, שנס חנוכה של פך השמן **התאפשר אך ורק** בזכות ההקפדה על הידור מצווה של הכהן הגדול. אילו הסתפק הכהן הגדול בקיום מצוותו בלי הידור, נס חנוכה לא היה מתרחש. לכן, יש דגש מיוחד בהידור המצווה בהדלקת נר חנוכה, וכולנו מהדרים ואפילו "מהדרין מן המהדרין" לזכר הידור המצווה של הכהן הגדול.

על הביקורת השגויה
נגד האמונה

16
תכנון תבוני (Intelligent Design)

הקדמה

המושג תכנון תבוני (Intelligent Design) הוצע בשנת 1996 על־ידי הביוכימאי פרופסור מייקל בהה. בספרו *Darwin's Black Box: the Biochemical Challenge to Evolution*, בהה הציג הוכחה, **שבעיניו היא הוכחה מכרעת**, לקיומה של ישות על־טבעית, שהוא כינה "המתכנן התבוני." מחקריו של בהה על התא החי שיכנעו אותו שהאבולוציה הדרוויניסטית ההדרגתית אינה מסוגלת להסביר תגובות ביוכימיות רבות המתרחשות בתא החי. הוא טען שהתכנון התבוני בלבד מסוגל להסביר את התגובות האלו. למרות שבהה לא התייחס לזיהוי המתכנן התבוני, היה ברור לכולם כי המתכנן התבוני אינו אלא אלהים. בפרק זה, נסביר מה בדיוק הייתה טענתו של בהה ומדוע הטענה הזו שגויה.

הערות חשובות

לפני שנמשיך, חשוב לציין שתי הערות.

- **השאלה לפנינו אינה**: האם ישות על־טבעית היא הגורם למערכות הביוכימיות הרבות הקיימות בתוך כל יצורי חיים? בתור יהודי שומר תורה, אני מאמין שאכן קיימת ישות על־טבעית - הלוא הוא **הקב״ה** - שהוא הבורא עולם שיצר את חוקי הטבע, ושהוא הגורם לכל המערכות הפועלות בתוך התא החי של יצור.

  השאלה לפנינו היא: **האם בהה הצליח להוכיח את טענתו או האם קיומו של הקב״ה נשאר עניין של אמונה?** טענות שגויות שמטרתן להוכיח את קיומו של הקב״ה אינן מוסיפות לאמונה. ההיפך הוא הנכון. **רצוי שדביקות בקב״ה תתבסס על אמונה.**

• השאלה לפנינו **אינה**: האם הקב"ה הוא המקור של חוקי הטבע? התשובה
לשאלה הזו היא עניין של אמונה. אבל כל אדם, הן דתי והן חילוני, מסכים
שחוקי הטבע מסוגלים להסביר מדוע השמש זורחת כל בוקר במזרח ומדוע
מים רותחים בטמפרטורה של מאה מעלות.

השאלה לפנינו היא: **האם חוקי הטבע מסוגלים להסביר גם את
התא החי?** בהה טען שחוקי הטבע אינם מסוגלים להסביר את התא החי.
אולם, אנו נראה שבהה טעה בטענתו זו. פרופסור אלן אור, מאוניברסיטת
רוצ'סטר, **הוכיח באופן מוחלט שטענתו של בהה שגויה, ואכן אפשר
להסביר את התא החי במסגרת חוקי הטבע.**

היסטוריה של תכנון תבוני

הטענה של בהה שתורת דרווין אינה יכולה להסביר את התא, עוררה עניין
עצום ודיווחו עליה בהרחבה (New York Times, U.S. News & World Report,
Commentary, National Review, Newsweek) ובכתבי־עת חשובים נוספים.
בניגוד לאחרים שתקפו את תורת דרווין בעבר, מייקל בהה הוא מדען רציני,
פרופסור לביוכימיה באוניברסיטה מכובדת, חוקר ידוע המבצע ניסויים, זוכה
למענקים ומפרסם מאמרים בכתבי־עת מדעיים בינלאומיים. טענתו של בהה
מהווה את ההתקפה המתוחכמת ביותר על תורת האבולוציה בשנים האחרונות.
אולם, כפי שנראה, ההוכחה שבהה הציע לקיום ישות על־טבעית מבוססת על
טענה אחת בלבד **והטענה הזו אינה נכונה.**

מורכבות בלתי־ניתנת לצמצום (Irreducible Complexity)

ההוכחה של בהה מבוססת על רעיון חדש לחלוטין שבהה מכנה: "מורכבות
בלתי־ניתנת לצמצום." איך מורכבות בלתי־ניתנת לצמצום שונה מצורות
אחרות של מורכבות? מהו הבסיס לטענתו של בהה כי מורכבות בלתי־ניתנת
לצמצום אינה מתיישבת עם תורת דרווין?

לפי דרווין, אבולוציה מתרחשת על־ידי מוטציות (שינויים במבנה הגנטי
של היצור). לפעמים, המוטציה משפרת את סיכויי ההישרדות של היצור. אולי
המוטציה גורמת ליצור להיות חזק יותר או מהיר יותר או פחות מועד למחלות
וכיו"ב. מוטציה כזו נקראת "מוטציה מועדפת." אם ליצור יש מוטציה מועדפת,
יש לו סיכוי טוב יותר לחיות מספיק זמן לרבייה, דבר שיגרום למוטציה
המועדפת להיכלל במאגר הגנים של צאצאי היצור. הצטברותן של מוטציות
מועדפות רבות לאורך זמן מובילה לשינויים מהותיים בצאצאי יצור, שבסופו
של דבר הופכים אותם למין חדש.

נקודת המפתח היא **שרק מוטציות מועדפות המשפרות את סיכויי ההישרדות של היצור ייכללו במאגר הגנים.**

בהה טוען כי ההצטברות ההדרגתית של מוטציות מועדפות אינה יכולה להסביר את פיתוחם של מנגנונים ביוכימיים חיוניים רבים. בין הדוגמאות שבהה ציין נמצא מנגנון קרישת הדם. שתים עשרה תגובות ביוכימיות מעורבות בקרישת הדם, **ואם אפילו אחת משתים עשרה תגובות הביוכימיות האלו לא תתרחש, הדם לא ייקרש.** מערכת כזו מכונה על־ידי בהה כמורכבת באופן בלתי־ניתן לצמצום.

הטענה המרכזית של בהה היא שמערכת שמורכבת באופן בלתי־ניתן לצמצום אינה יכולה להיווצר **בהדרגתיות** דרך סדרה של מוטציות במשך הדורות **כשכל אחת מן המוטציות מספקת יתרון הישרדותי נוסף ליצור.** הסיבה היא, שכל אחת מאותן המוטציות **בנפרד, היא חסרת תועלת.** ואין סיכוי **שכל שתים עשרה** המוטציות הדרושות תופענה בדור אחד.

הפרכת הטיעון של תכנון תבוני

תוך זמן קצר לאחר הופעת הספר של בהה, אלן אור, פרופסור לאבולוציה באוניברסיטת רוצ'סטר, פרסם מאמר (*Boston Review,* December 1996) שהפריך לחלוטין את טענתו של בהה. אור הוכיח ששתים עשרה המוטציות הדרושות לקרישת הדם **אכן יכולות להופיע בהדרגתיות, דרך שלבי ביניים,** כאשר כל שלב נותן יתרון נוסף ליצור להישרד. זה תהליך אבולוציוני רגיל, בהתאם לתורת דרווין.

נציג בנספח את פרטי ההפרכה של אור.

המצב היום לגבי תכנון תבוני

היות ופרופסור אור הוכיח באופן מוחלט שהטענה המרכזית של תכנון תבוני היא שגויה, היינו מצפים שההתעניינות בנושא התכנון התבוני תדעך, אך חיפוש בגוגל מראה שהמצב אינו כך. עד עצם היום הזה, נושא התכנון התבוני ממשיך להעסיק את הציבור הרחב ואת המדענים גם יחד. יש מאמרים רבים התומכים בתכנון תבוני, אבל אין סימן שמחבריהם מבינים את הטענה של פרופסור בהה. יש גם מאמרים רבים המתנגדים לתכנון תבוני, אבל אין סימן שמחבריהם מבינים את ההוכחה של פרופסור אור שטענת בהה שגויה. לכן, ויכוח הסרק הזה ממשיך.

נספח

כאן נסביר איך שתים עשרה המוטציות המיוחדות הדרושות לקרישת הדם יכולות להופיע **דרך שלבי ביניים, כאשר כל שלב נותן יתרון נוסף ליצור להישרד**. וזאת למרות שכל המוטציות הן חיוניות לפעולת המערכת הביוכימית הסופית.

בטבלה למטה רשומה ההשפעה של כל מוטציה על המערכת הביוכימית.

מספר מוטציה	המערכת הביוכימית	שיפור?	האם כל המוטציות חיוניות?
0	א	–	–
1	א + ב	כן	לא
2	א* + ב	כן	כן
3	א* + ב + ג	כן	לא
4	א* + ב* + ג	כן	כן
–	–	–	–
22	א* + ב* + ג* + ד* + ה* + ו* + ז* + ח* + ט* + י* + יא* + יב	כן	כן

נניח שבעבר הרחוק הייתה מערכת ביוכימית בת חלק אחד, שנקרא חלק **א**. המערכת עבדה, אך לא בהצלחה יתרה. אז, קרתה מוטציה גנטית שיצרה את חלק **ב**, שגרם ליצירת מערכת משופרת במידת מה, שכעת הכילה **א + ב**. המערכת המשופרת הזו **אינה** מורכבת באופן בלתי־ניתן לצמצום, משום שהיא תתפקד גם בלי **ב**. מוטציה גנטית שנייה הופכת את **א**, ל-**א***, דבר המוביל לשיפור נוסף של המערכת. אולם - וכאן הנקודה הקריטית - **א*** לא יעבוד אלא בצירוף **ב**. לכן, המערכת **א* + ב** היא **מערכת מורכבת באופן בלתי־ניתן לצמצום משום שגם א* וגם ב דרושים לתפקודה של המערכת.**

רואים, איפוא, כי נוצרה מערכת מורכבת באופן בלתי־ניתן לצמצום בתהליך הדרגתי, כשכל מוטציה מובילה לשיפור במערכת, אף־על־פי שהמערכת הסופית (**א* + ב**) **לא תתפקד כלל**, אלא אם כן שני חלקיה נמצאים. אולם, לפי הרעיון של תכנון תבוני, **דבר זה בלתי־אפשרי. לכן, הטענה הבסיסית של בהה מתגלתה כשגויה.**

אפשר להמשיך בטבלה. מוטציה גנטית שלישית יוצרת את חלק **ג**, המביא לשיפור נוסף. מערכת זו **אינה** מערכת מורכבת באופן בלתי־ניתן לצמצום,

מאחר שהיא תתפקד גם בלי חלק **ג**. מוטציה רביעית הופכת את **ב** ל-**ב***, דבר שמוביל לשיפור נוסף. אולם, **ב*** לא יתפקד אלא בצירוף **ג**. לפיכך, המערכת **א* + ב* + ג** היא כן מערכת מורכבת באופן בלתי־ניתן לצמצום משום **שכל שלושת חלקיה דרושים לתפקודה של המערכת.** אף־על־פי־כן, מערכת זו, המורכבת באופן בלתי־ניתן לצמצום, נוצרה **באמצעות סדרה של שיפורים הדרגתיים,** בהתאם לתורת דרווין.

תהליך זה יכול להמשיך וליצור באופן הדרגתי מערכת מורכבת באופן בלתי־ניתן לצימצום בת שנים עשרה חלקים (**א* + ב* + ג* + ד* + ה* + ו* + ז* + ח* + ט* + י* + יא* + יב**), כגון המערכת של קרישת הדם. כך, הצלחנו להסביר איך המנגנון של קרישת הדם יכול להיווצר בהתאם לתורת דרווין.

תכונה חשובה של תהליך זה היא **שהתהליך בלתי־הפיך.** דהיינו, לאחר שנוצרה המערכת הסופית, אין כל דרך לדעת באיזה סדר נוצרו שנים עשר חלקיה. בנוסף, אין כל דרך לדעת מה היו חלקי הביניים בתהליך היצירה (**א, ב, ג, ד, ה, ו, ז, ח, ט, י, יא**). ברגע ״שהוסרו הפיגומים,״ אין יודעים איך נבנתה המערכת.

17
הביקורת השגויה של האתאיסטים נגד הדת

בפרק זה נדון בדברי הביקורת של האתאיסטים נגד הדת. אפשר לזהות שלוש האשמות עיקריות כלפי הדת בטיעונים של האתאיסטים. אנו נראה שאין שחר לאף אחת משלוש ההאשמות הללו.

התנהגותם של אנשים דתיים

הביקורת

אחת ההאשמות נגד הדת מבוססת על התנהגותם של אנשים דתיים. האשמה הזו מתייחסת גם לדתות המכובדות ביותר. ההיסטוריה של אירופה כוללת מלחמות דת, מסעי צלב רצחניים, ובתי משפט אינקוויזטוריים שהשתמשו בעינויים בחקירות ופעלו בהנחייתם של מנהיגי הדת. זוועות אלו אינן נחלת העבר בלבד. התקפות טרור המבוצעות על־ידי אנשים דתיים הפכו לאירועים יומיומיים. מחבלים מתאבדים מקבלים את ברכתם של מנהיגי דתם, על שמם של המחבלים נקראים בתי ספר, ושירים מהללים את מעשיהם הרצחניים. עוד דוגמה מן המאה העשרים היא הסיכסוך האלים שליווה את עצמאותה של הודו, שהותיר אחריו מיליוני הרוגים שפשעם היחיד היה אמונה בדת שונה מזו של רוצחיהם.

האנטי־דתיים מייחסים את הפשעים האיומים הללו לאמונה הדתית של מבצעיהם. מחבריהם טוענים כי בניגוד גמור לטענה שהדת היא "כוחו של הטוב," הדת התגלתה ככוחו של רשע. "כיצד הדת מרעילה את הכול" מכריזה כותרת המשנה של חיבורו הארסי של כריסטופר היצ'נס.

התשובה לביקורת

הרוצחים הגדולים של המאה העשרים היו כולם אתאיסטים (היטלר בגרמניה, סטלין ברוסיה, מאו צה טונג בסין ופול פוט בקמבודיה). למרות זאת, איש לא חיבר ספר שכותרו "**כיצד האתאיזם מרעיל את הכול**," משום שכולם יודעים **שאין** זה האתאיזם שהניע את אותם רוצחי המונים. בדומה לכך, הזוועות המוזכרות לעיל אינן נובעות מעקרונות דתיים. בין האנשים המאמינים, אפשר למצוא גם את אמא תרזה, שעקרונותיה הדתיים הובילו אותה להקדיש את כל חייה לעזור לחולים, לנזקקים, ולמצורעים שאתרע מזלם.

ההסבר האמיתי להרג הנרחב ואת שאר הפשעים האיומים הוא האכזריות של הפושעים, ולא אמונותיהם הדתיות. לאורך ההיסטוריה, הדת שימשה כתירוץ להצדקת מעשי רצח, בעוד שהמניעים האמיתיים היו תאוות כוח, רווח פוליטי, השתלטות על רכושם של הקרבנות או שנאת הזר.

האם בני אדם יצורים יחודיים?

הביקורת

דעה נוספת שבה דוגלים האתאיסטים היא שבני אדם אינם יצורים יחודיים, בניגוד גמור לנאמר בספר בראשית. הם טוענים שבני אדם אינם אלא עוד מין אחד מתוך שני מיליון המינים שזוהו עד כה. האתאיסטים מודים כי אנו שונים ממינים אחרים, אך לכל מין יש תכונות ייחודיות המבדילות אותו ממינים אחרים. הם טוענים שרק גאוות האדם גורמת לו לחשוב כי אדם הוא יצור מיוחד ש"נברא בצלם אלהים."

העדר ייחודיות האדם הייתה התזה של הפרופסור ג'רד דייאמונד ברב־מכר שלו, *השימפנזה השלישי*. הכותרת מתכוונת לבני האדם, בעוד ששני המינים האחרים של השימפנזה הם השימפנזה המצוי והשימפנזה הבונובו. דייאמונד טוען כי לבני האדם אין כל כישורים ייחודיים שאינם נמצאים, במידה מסוימת, אצל מינים אחרים. אפילו יכולתנו לחשוב אינה מבדילה אותנו משימפנזים. כמובן, אנו מוכשרים יותר, אך לדעת דייאמונד, לא באופן מיוחד.

התשובה לביקורת

הייחודיות של בני האדם היא ברורה וגלויה בעליל ואפשר להוכיח זאת בקלות. ניקח, לדוגמא, את המידע הבא על אוניברסיטת קליפורניה בלוס אנג'לס, אוניברסיטת הבית של פרופ' דייאמונד עצמו. חיפוש בגוגל מגלה כי באוניברסיטה הזו רשומים 40,000 סטודנטים וכי בספריותיה נמצאים

8,000,000 ספרים. אך הנה דבר מדהים בהחלט בנוגע לנתונים האלה. **אף לא אחד מ־40,000 הסטודנטים באוניברסיטה הוא שימפנזה!** ויש עובדה מדהימה עוד יותר. **אף לא אחד מ־8,000,000 הספרים בספריות האוניברסיטה נכתב על־ידי שימפנזה!**

העובדות שהובאו לעיל מפתיעות בגלל הקרבה הגופנית והדמיון הגנטי שיש בין האדם והשימפנזה. דייאמונד מציין כי 98.4% מן החומר הגנטי שיש בבני האדם מצוי גם אצל השימפנזה. מאחר שהגנים קובעים את תכונותיו הפיזיות של היצור, הדמיון הגנטי הקרוב בינינו לבין השימפנזה מרמז על דמיון קרוב מאוד פיזית בין האדם לבין השימפנזה. עובדה זו מיד מעלה שאלה חשובה. אם אנו כל־כך דומים לשימפנזה מבחינה פיזית, מדוע אנו כל־כך שונים מהם מבחינה אינטלקטואלית?

שאלה זו אינה מוגבלת לשימפנזה בלבד. היא נשאלת גם לגבי האדם הקדמון, שגם הוא דומה מאוד לנו מבחינה פיזית. אבל, כמו בשימפנזה, אף אדם קדמון לא ייסד אוניברסיטה, לא כתב ספר או שיר, לא פיתח תאוריה מדעית, ולא הציג את המאפיינים של ציביליזציה. האדם הקדמון הופיע לראשונה לפני כמה מיליוני שנה. זה נראה תקופת זמן מספיק ארוכה להגיע להישגים תרבותיים.

יש שטוענים שהעדר ההישגים התרבותיים של האדם הקדמון מוסבר על־ידי גודל המוח הקטן שלו. אך, טענה זו אינה מסבירה את העדר ההישגים התרבותיים של האדם הקדמון הידוע בשם האדם הניאנדרטלי, **שגודל המוח שלו ומידת פיתוחו היו זהים לאלה של האדם בן־ימינו.**

אותה שאלה מתייחסת גם לאדם המודרני (הומו ספיאנס), המין שאליו אנו משתייכים. האדם המודרני הופיע לראשונה לפני כ־200,000 שנה. אולם, סימניה הראשונים של הציביליזציה הופיעו רק לפני כמה אלפי שנים. למה נדרש כל־כך הרבה זמן להופעתה של הציביליזציה?

עובדה מעניינת נוספת היא שמתברר **שהופעתה של הציביליזציה הייתה פתאומית ודרמטית כל־כך,** שארכיאולוגים מדברים על מהפכה בהתנהגות האנושית, הנקראת "המהפכה הנאוליתית" או "המהפכה החקלאית." גורמי המהפכה נותרו תעלומה.

נתונים ארכיאולוגיים אלה מראים בצורה ברורה כי בני האדם שונים באופן מהותי מכל שאר היצורים. הדבר המעניין ביותר הוא שהתכונות הרבות הייחודיות להתנהגות האנושית הופיעו באופן פתאומי **רק לפני כמה אלפי שנים,** במהלך המהפכה החקלאית, שהיא בעצם ראשית הציביליזציה. בין המאפיינים של המהפכה הזו היו **ראשית החקלאות וגידול עצום של אוכלוסיה אנושית.**

הופעתה **הפתאומית** בזמן האחרון של הציביליזציה מנוגדת לתרחיש תולדות האנושות המוצג על־ידי האתאיסטים, שמדבר על **הדרגתיות** בפיתוח הציביליזציה. אבל פתאומיות זו שארכיאולוגיים גילו נמצאת בהרמוניה מושלמת עם הכתוב בספר בראשית (א:כח):

"ויברך אותם (את אדם וחוה) אלהים, ויאמר להם, פרו ורבו ומילאו את הארץ וכיבשוה."

לפי הרמב"ן, משמעות המילה "כיבשוה" ("כיבוש הארץ") היא "חקלאות."

האם המדע הוא המקור היחיד למידע מהימן?

הביקורת

טענה נוספת של האתאיסטים היא **שהמדע מהווה את המקור האמין היחיד למידע על העולם**. אמונות דתיות הן רק אשליות להמונים - **"אשליית האלהים"** הכריז ריצ'רד דוקינס בכותרת לספרו. הוא טוען שהיות והמדענים משיגים מידע באמצעות ניסויים במעבדה, מדענים אחרים יכולים לאשר את תוצאותיהם. פעילות זו מניבה נתונים העומדים לרשות הציבור. האתאיסטים טוענים כי **רק מידע העומד לרשות הציבור הוא בעל משמעות**, מאחר שאחרים מסוגלים לאמת נתונים אלה.

התשובה לביקורת

פרופ' בריאן פיפארד, פיזיקאי מאוניברסיטת קיימברידג', קרא תיגר על טענה זו בהרצאה מפורסמת שנשא לזכרו של המדען הדגול סיר ארתור אדינגטון. פיפארד נשא את התואר "הפרופסור בקוונדיש," הפרופסורה היוקרתית ביותר בבריטניה בתחום הפיזיקה. לכן, יש להתייחס ברצינות למה שיש לו לומר על המדע.

הכותרת שבחר פיפארד להרצאתו קובעת את עיקריה: "הבורות של המדע." שימו לב למילת המפתח: "הבורות" (ignorance). התזה של פיפארד היא שהתודעה האנושית אינה נגישה למדע, ואנו תמיד נישאר בחוסר ידיעה לגבי תופעה זו. תזה זו של פיפארד שוללת את טענתם של אתאיסטים, שמדע הוא המקור היחיד למידע על העולם. ראוי לצטט מתוך הרצאה חשובה זו של פרופ' פיפארד:

"קיימת מערכת הנמצאת מחוץ לתחום הגישה של המדע - והיא **תודעתו של האדם**. דהיינו, בני אדם עושים דברים שאי־אפשר להבינם במסגרת

חוקי הטבע. שימו לב **שאינני אומר** שהתודעה אינה ניתנת להבנה לפי חוקי הטבע **לעת עתה**. אני אומר כי היא **לעולם אינה ניתנת להבנה**. תופעת התודעה **במהותה** נמצאת מחוץ לתחום המדע.

"אינני מתכוון, כמובן, לתהליכים הפיזיקליים המתרחשים במוח, שאותם אפשר לחקור כאירוע פומבי, כמו כל תופעה מדעית אחרת. כוונתי במונח "תודעה" היא **למודעות העצמית של היחיד**, שיש לה חשיבות מיוחדת. אתה לא תוכל להשתתף במודעות העצמית שלי, ואני אינני יכול להשתתף במודעות העצמית שלך. חוקי המדע מתייחסים **למידע הקיים ברשות הרבים**, המשותפת לכולם.

"אין זה מתאים להכחיש עובדות בגלל שהמדע אינו מסוגל להתמודד איתן. עלינו להודות בכך שיש **נושאים הנמצאים מחוץ לתחום המדע**. אין בידינו אפשרות להתמודד עם התודעה.

"קיימים מדענים המנסים לפסול את החוויה הדתית כאשליה. אך אין לפסול אמונה רק מפני שהיא אינה נוחה לנו ואינה לפי רוחנו. קיימים בני אדם שלא התברכו במתנת האמונה, כמו שקיימים בני אדם שאין להם יכולת אבחנה בגוונים שונים בצלילים. אולם, אין זה ראוי להכחיש אמת רק מפני שאי־אפשר להעבירה לאדם אחר."

לפני כמאתיים שנה, המתמטיקאי פייר סימון לפלס תיאר את האדם כאוסף של חלקיקים הפועלים באמצעות הכוחות הבין־חלקיקיים. כיום, מעטים הם המדענים המקבלים תפיסה פשטנית זו. בדומה לדחיית תפיסתו של לפלס בקרב המדענים, פיפארד אינו לבדו בתמיכתו בתזה **"הבורות של המדע."**

קיומו של צד בלתי־חומרי באדם, המכונה בתורה **"נשמת חיים"** ו־**"צלם אלהים"** (בראשית ב:ז), ממשיך לשמש נושא לדיון. יהודים שומרי תורה ומצוות מאמינים כי הנשמה אכן קיימת באותה מידה כמו האטומים והמולקלות המרכיבים את הרקמות ואת האיברים בגופנו. אמונה זו, שלעולם תישאר בלתי־אפשרית להוכחה, היא מעיקרי דתנו.

18
הטעות של ריצ׳רד דוקינס

בזמן האחרון, פיתחו הפיזיקאים סטיבן הוקינג ולורנס קראוס תאוריה המסבירה כיצד היקום יכול להיווצר באופן ספונטני מלא־כלום. התאוריה החדשה הזו משלבת את תורת המיתרים יחד עם גישתו של הפיזיקאי ריצ׳רד פיינמן לתורת הקוונטום, אך אין צורך לדון כאן בפרטים הטכניים. התאוריה הזו עדיין בגדר השערה, אך הבה נניח שהיא תאושר בסופו של דבר. השאלה שחשובה לדיונינו היא: מהן ההשלכות התאולוגיות של התאוריה הזו?

ריצ׳רד דוקינס

ריצ׳רד דוקינס שימש כראש קתדרה באוניברסיטת אוקספורד, בעל התואר ״פרופסור להבנת המדע לקהל הרחב.״ דוקינס גם ידוע בתואר המפוקפק של האתאיסט המוכר ביותר בעולם. ואכן, לא היה צריך להמתין זמן רב לתגובתו של דוקינס לתאוריה החדשה. דוקינס הכריז: ״דרווין העיף את אלהים מהביולוגיה, ועכשיו הוקינג נתן לו את המכה הסופית.״ אם נבדוק דוגמאות אחרות של התקדמות המדע, קל להבין את הטעות של דוקינס.

הסברים מדעיים נוספים לתופעות טבע

במשך שנים רבות, לא הצליחו המדענים להסביר את תופעת הגאות והשפל. אך בשנת 1687, הסביר אייזיק ניוטון שתופעת הגאות והשפל היא תוצאה של משיכת כוח הכבידה של הירח.

כמו כן, במשך שנים רבות, לא הצליחו המדענים להסביר את תופעת החלודה והשיתוך (קורוזיה) של מתכות. אך בשנת 1775, אנטואן לבואזיה

הסביר שהחלודה והשיתוך נגרמים כתוצאה מחמצון, כלומר, מהשילוב הכימי של המתכת עם אטומי חמצן.

אולם, דוקינס **לא** הכריז בקול תרועה רמה כי, "ניוטון ולבואזיה העיפו את אלהים מחקר הים ומהכימיה." מדוע רק ההסברים המדעיים לתהליכי הביולוגיה (אבולוציה) והקוסמולוגיה (מקורו של היקום) גרמו לדוקינס לצהול כי גילויים אלה "העיפו את אלהים," בעוד **שדוקינס לא אמר דבר** לגבי הסברים מדעיים לתהליכים בכימיה ובחקר הים?

אפשר לטעון כי היות ואין אמירות בתורה לגבי כימיה, הסבר מדעי לתופעה מסויימת בכימיה אינו סותר את האמור בתורה. בניגוד לכך, ספר בראשית אכן מצביע על־כך שמקורו של היקום ומקורו של עולם החי הם תוצאה של פעולה אלהית, ככתוב: "**בראשית ברא אלהים את השמים ואת הארץ**" (בראשית א:א). וכתוב בהמשך: "**ויעש אלהים את חית הארץ למינה ואת הבהמה למינה ואת כל רמש האדמה למיניהו**" (א:כה). לפיכך, טוענים דוקינס ואחרים, הסבר מדעי לתופעות טבע האלו מראה שהן אינן תוצאה של פעולה אלהית, דבר שסותר את האמור בספר בראשית.

הטעות של דוקינס

על־מנת להבין את **הטעות של דוקינס**, נדון בפסוק אחר בתנ"ך. כתוב בספר מלכים א': "**והבית אשר בנה המלך שלמה לה' שישים אמה אורכו ועשרים אמה רוחבו ושלושים אמה קומתו**" (ו:ב). ברור שאין כוונת הפסוק שהמלך שלמה לקח לבנים ועצים ובנה את בית המקדש **במו ידיו**. כוונת הפסוק היא ששלמה המלך שכר פועלים מתאימים ונתן להם את המשאבים הדרושים לאפשר להם לבנות את בית המקדש **לפי הוראותיו**. ברור לנו שזהו מובן הביטוי: "**אשר בנה המלך שלמה**".

באותה מידה, כאשר כתוב בתורה, "ברא אלהים" ו־"ויעש אלהים," כוונת הפסוק היא שקב"ה גרם לכך שהיקום יופיע וגם שעולם החי יופיע כתוצאה של חוקי הטבע של הקב"ה, בדומה לכוונת הכתוב ששלמה המלך גרם לכך שבית המקדש ייבנה כתוצאה של עבודת הפועלים שלו. לכן, טעות היא המסקנה של דוקינס כי: "דרווין העיף את אלהים מהביולוגיה."

כל אדם בעל אמונה סובר שקב"ה קבע את חוקי הטבע ולפי חוקים אלה העולם מתנהג, כפי שכתוב בתלמוד: "**עולם כמנהגו נוהג**" (עבודה זרה נד:ב). לכן, **אנו מצפים לכך שאפשר להסביר את כל תופעות הטבע במסגרת חוקי הטבע**, כולל האבולוציה ומקור היקום. לפיכך, לא תאוריית דרווין ולא התאוריה החדשה של הוקינג וקראוס מהוות סתירה כלשהי למה שכתוב בתורה.

תגובתו של הרב שמשון רפאל הירש לתאוריה של דרווין

למרבה הצער, קיימים אנשים דתיים הסוברים, כמו דוקינס, שהאבולוציה סותרת את הכתוב בתורה. ולכן, הם מתנגדים למושג האבולוציה ומנסים בכל כוחם להראות שהאבולוציה מעולם לא התרחשה.

אולם, למרבה המזל, יש גם אנשי תורה חשובים הרואים את פני הדברים באור שונה לחלוטין.

הרב שמשון רפאל הירש מגרמניה (המחצית השנייה של המאה התשע עשרה) היה ידוע בעמדתו הבלתי־מתפשרת כנגד כל רעיון הסוטה, אפילו קלות, מדרכה של תורה. זמן קצר לאחר פירסום תאוריית דרווין בשנת 1859, כתב הרב הירש את הדברים הבאים (תרגום מגרמנית וקיצור):

״אם רעיון האבולוציה יתקבל על־ידי הקהילה המדעית, המאמינים בתורה יצטרכו להוסיף ביתר שאת על יראתם בבורא עולם. בחכמתו היצירתית הבלתי־מוגבלת, הקב״ה השתמש בגרעין אחד בלבד ובחוק אחד בלבד של האבולוציה על־מנת ליצור את המיגוון הרחב של המינים הידועים לנו היום.״

המילים של צ׳ארלס דרווין

צ׳ארלס דרווין עצמו הקדים את הרב הירש בהבעת עמדה דומה מאוד לזו שצוטטה לעיל. דרווין חתם את ספרו המפורסם ״מוצא המינים״ במילים המרגשות הבאות:

״קיים הוד והדר במבט זה על חיים, שהופחו על־ידי הבורא למספר צורות או לאחת, ומראשית כה פשוטה זו, הופיעו צורות רבות מאוד, יפות ונפלאות, שהתפתחו וממשיכות להתפתח.״

שימו לב במיוחד שדרווין לא היסס להשתמש במילה ״**הבורא**״ (**Creator**) לתאר את המקור למיגוון הרחב של בעלי חיים שאנו מכירים היום.

גם דרווין וגם הרב הירש ראו את האבולוציה **כמנגנון** שבו השתמש הקב״ה ליצירת עולם החי. הרב הירש הדגיש כי הקב״ה תמיד פועל במסגרת חוקי הטבע (״**עולם כמנהגו נוהג**״). מעיקרון זה נובעת המסקנה כי **אין אף תגלית מדעית שתוכל להטיל ספק בקיומו של הקב״ה.**

מפתח שמות

מפתח נושאים

115